LAŽNI CAR ŠĆEPAN MALI

LAŽNI CAR ŠĆEPAN MALI

PETAR P. NJEGOŠ

Globland Books

LAŽNI CAR ŠĆEPAN MALI

Istoričesko zbitije osamnaestoga vijeka

Ne pita se ko se kako krsti,
No čija mu krvca grije prsi,
Čije l' ga je zadojilo ml'jeko?

PREDGOVOR

Šćepan Mali bio je laža i skitnica, ali je znamenitu epohu u Crnoj Gori i u okolini učinio, imenujući se ruskijem carem. Njegov život još niko opisao nije, jerbo se samo u predanijama glavna stvar sadržava; a druge se sitnarije s dugijem vremenom gube. Dokumenatah slabo se kod nas nalazi, jerbo po nedostatku hartije često puta i listovi svetijeh knjiga za fišeke su se upotrebljavali, stoga se i o Šćepanu na Cetinju nije našlo ništa, do ovi listić od igumna Mrkojevića, kojega ovdje facsimile postavljam.

Zbog važnosti događajah i zbog čudnovatosti Šćepanove ja sam željeo štogod o njemu napisati, i doista da slučajem ne pođoh u Mletke u početku 1847. godine, ne htijah ništa vjernoga o njemu svome rodu objelodaniti.

Ali u Mletke kada dođoh, potrudim se i kojekako uljezem u ogromnu arhivu bivše stare Republike mletačke.

Gospodin Tomazeo usrdno priskoči i bi mi na ruku; čuvara od arhive, staroga markiza Solari, gotovo slobodnom i veselom gorskom poezijom i pričanjem zamađijam, te mi dobri starac počne po mojoj ćudi igrati; pet-šest valjatijeh pisarčićah tri čitave nedjelje po svima uglovima od arhive kopaše, i što god se moglo nać' o čudnovatom Šćepanu i o drugijem stvarima, odnoseći se Jugoslavenstva, sve ispisaše.

O Šćepanu sam izvjestija čista sabrao iz raporatah Paskvala Cigonje, izvanrednog providura kotorskoga, koja je dostavljao svojoj vladi u Mletke. A providur ih je dobivao od svojijeh uhoda sa sviju krajeva.

Što se pak tiče Porte otmanske, kakva je sredstva protivu Šćepanu upotrebljavala, to se vidi iz raporatah tadašnjega poslanika mletačkoga pri Porti otmanskoj, g. Justinijani, i tadašnjega vicekonsula u Skadru, g. Duodo. Da sve sitnarije ovdje stavim, što su ova trojica pisali, dugo bi bilo; ali između istijeh neke moram spomenuti, da se uvjere čitatelji, da u djelu ovome mojega sopstvenoga ništa nije, što nije osnovano na pričanju narodnom i na raportima više rečene trojice.

Ono što narod priča, vidi se u istoriju Milutinovića, a ono što rečena trojica pišu, ono se samo u arhivi moglo naći.

Na primjer, kod njih stoji: kako je patrijarh pećski s njega postradao; kako mu je Simo Cetinjanin sa svojom družinom barjake ruske napravljao i na dar šiljao; kako su mu Dubrovčani različite poslastice, različita vina i bogatu portantinu (nosila) na dar poslali; tamo je Džaja, papagao, serdar (graf) Bujović; tamo je stradanje Šćepanovo kod Arslanovića u Hercegovini podobno Mazepinu; tamo su kaluđeri, koji u šišu (štapu) pisma iz Rusije donose; tamo su po imenu svi glavari turski, koji se nalaze u ovome djelu; tamo je partrijarh Esperijus sa svojom namjerom; tamo je arhimandrit barski Debelja, Srbin dušom i tijelom; tamo je po drugi put vojska poslata od Porte godine 1774, stotinu tisuća vojske pod drugim beglerbegom rumeli-valisom, da udari na Crnu Goru, no pogibija Šćepanova sve to razvije i zadovolji oholost tursku.

— Šta su jošt o ovome čudnovatome čovjeku pisali, imenujući ga negdje carem i negdje imperatorom, čovjek se mora upravo čuditi, kad vidi kakvu im je maglu bio ugnao u tikvu.

Ja sam ovo djelo jošt 1847. godine napisao, a danas ga na svijet dajem.

U Trstu na Spasovdan 1850.

Sačinitelj.

LICA:

VASILIJE JOVANOVIĆ BRKIĆ, patrijarh srpski
VLADIKA SAVA
TEODOSIJA MRKOJEVIĆ, iguman
JOVAN AVRAMOVIĆ BJELICA, proto
ANDRIJA ĐURAŠKOVIĆ, pop
MONAH
ŠĆEPAN MALI, lažni Petar treći, car rusinski
GEORGI KNEZ DOLGORUKOV,
general i poslanik carice rusinske Ekatarine vtore
VUKALE, serdar
NIKO MARTINOVIĆ, vojvoda
JOVO PETROVIĆ, serdar
GRAF BUJOVIĆ, serdar bokokotorski
VUKSAN MILIĆ, vojvoda
DRAGO VUKOTIĆ, vojvoda
BEGLERBEG, serašćer rumeli-valisi
OSMAN-PAŠA, vezir bosanski
KARAMAN-PAŠA DUKAĐINSKI
ŠUVAJLIJA-PAŠA
MEHMET-PAŠA
KADI-AŠĆER, vrhovni bojnički sudija

MULA HASAN
IMAN HUSEIN, sveštenik turski
KADIJE
SMAJO, tatarin
LAZO BOGDANOVIĆ NJEGUŠ
BAJO GAVRILOVIĆ, četovođa cucski
PEJO MADŽAR, ulak
STRAŽAR
VOJNIK
SLIJEPAC
PAPAGAO
PUK
KOLO

DJEJSTVIJE PRVO

JAVLENIJE PRVO
(Na Cetinju.)

1767. godine u aprilu dovode glavari i mnogi narod Šćepana s Mirca na Cetinje. Jovo Gluhodoljanin pred njim nosi zname rusko. Pero Drpa s pročima svira mu u diple; Boško Tomić i Marko Pješivac pjevaju iz glasa.

SERDAR VUKALE
(pred narodom naslonivši se na mač).
Veseli se, prahu Nemanjića,
Nemanjića i Grebljanovića,
Jer će vaše krune zasijati,
Kako jarko sunce na istoku;
Znamena se vaša razvijati
Nad velike vaše razvaline;
Poteći će krvave rijeke
Od nečiste krvi agarjanske,
Oprat' Srbu ljagu sa obraza!
Otvor'te se, viteške grobnice,
Sama slavo, samo pribježište

Po Kosovu srpskijeh junakah!
Evo zore na vaše bregove,
Da nam opštu obasja svetinju
I amanet naše narodnosti!
Sad propojte, Visoki Dečani
I lijepa lavro Studenice,
Sveti spomen iz vječne čitule
Za slobodu padšim junacima!
Združite se, gromi i potresi,
Zemlji srpskoj drugo lice dajte,
E nečistom nogom okaljata!

TEODOSIJA MRKOJEVIĆ
Stan', serdare, lakovjeran li si!
Priđ' omjeri, pa ćeš iskočiti;
Ko posrne, mudrovat mu brane —
Nije šala, što se uradilo!
Izveo se narod iz svijesti,
Uzvijali Turci i Mlečići,
Oblače se sa svakoje strane,
Uzjarila braća pravoslavna
Okolo nas na četiri strane —
Dok pomožeš, da se ne odmože.
Veće žalim bruke nego muke.
Car se kaže, no ako uzlaže,
Ta nesreća čemu će prilicat'?

SERDAR VUKALE
„Čemu će prilicat'!"
Ako išta oči pomagaju

I ako je igđe išta bilo,
Čisto znadi, oče igumane,
Car je ruski danas na Cetinju!

TEODOSIJA MRKOJEVIĆ
„Car . . . ."
O nesrećo, da te Bog ubije,
Svagda si se na nas tovarila!
Što je čemu podobno i biva.
Po čem tako ti poznade čisto
Cara glavom u toga čovjeka?

SERDAR VUKALE
U razlog se malo, amanet ti!
Ja u vreći mačku ne kupujem!
Evo ima po godine danah,
Otkako je došâ u Maine.
Sva je zemlja njemu povrvjela
Sa poklonom i sa kolačima,
Dohode mu dari nebrojeni:
Kotor mu je poslao barjake
Sa krstašem orlom rusinskijem,
A Dubrovnik sitne poslastice,
Poslastice s cukrom na tovare,
Rozoliju i ciparsko vino,
Da se hrani, čim se pothranio;
Naš patrika iz Peći pitome
Spremio mu na poklon brnjaša,
Svoga hata kako gorsku vilu,
Zlatnu kupu Silnoga Dušana —

Oka zlata oku prima vina,
Carska kupa, da s njom car napija.
Koliko je našega naroda
Od Crnoga do Sinjega mora,
Svak ga zove carom i željkuje.
Ja sam njemu pošljedni pošao
I vidio što je i kako je.

TEODOSIJA MRKOJEVIĆ
Velikoga čuda, te mi pričaš,
I po tome držiš ga za cara!
To je huka glupoga naroda,
Ja ti za to pjan poigrâ ne bih.

SERDAR VUKALE
Razumi me i daj mi kazati:
Kad pođosmo u petak za njega,
U neđelju okupi se puka
U Maine tušta nepregledna;
Izvedi ga ondje pred narodom,
Pa iznađi oko desetine,
Te su bili u Petrovom Gradu
Sa vladikom našim Vasilijom.
Svi makoše dušom i napretkom,
Da je Petar i da ga poznaju.
Ne ostavi ni na to od muke,
Već mi brže u manastir pošlji;
Donesoše lik Petra trećega,
Svoj lik uze, pa poče plakati.
Svak zaplaka, i nevolja bješe —

Viđi sliku, a viđi priliku,
Kako da si razrezâ jabuku,
Kako što su dvije kaplje vode!
Nego nemoj, oče, ludovati,
Ni kobiti sreću i poštenje
Cijeloga našega naroda.
Car je, vjeruj — al' kako ti drago.

TEODOSIJA MRKOJEVIĆ
Bij se, bruko, kada imaš s kime!
Što mu drugo ime ne dadoste,
No vežete neslik s neprilikom —
Grdnu glavu na trup nejakašni!
Da li na nos neće posrnuti?
Bi l', serdare, gadno viđet' bilo
Trup đetinski s debeljevom glavom,
Glavu bičju na trup od juneta?
No otvori oči, te progledaj
Što bi moglo do poslijed biti. —

SERDAR VUKALE
Hvala Bogu, nesrećna čovjeka!
Na kraj mu se stat' ne može nigda.
U njega su kuke i zavrake
I mudrine neke iz dubine,
Što ni vragu na um doć' ne može.
I on misli u njegovoj glavi,
Da mi ništa slano ne jedemo!
Ma bud' li sam ja, igumne, slijep,
Kâ toliki svijet oslijepi?

Hajde, oče, molim ti se s kapom,
Ti s očima tako bistrijema
Da se uža jednoga držimo
I za vođom jednijem idemo,
Jer su druge karte propojale. —

JAVLENIJE DRUGO

Vladika Sava dođe među narodom.

VLADIKA SAVA
Dobro došli, braćo Crnogorci!
Svagda mi ve milo pogledati,
Nagledat' se divote momakah,
Nagledat' se svijetla oružja.
Smije vi se nebo, pod kojim ste,
Smije vi se mjesto, na komu ste,
A kamoli vas ljubeće srce,
Pa jošt srce vašega vladike!
Al' me dobro čujte i vjerujte:
Rad bih bio za što steć' ne mogu,
Za ovacah mojih tri hiljade,
Za mojijeh stotinu volovah,
Da vas danas na sakupu nije;
Jer se bojim bruke i grdila.

VOJVODA NIKO MARTINOVIĆ
Rašta tako, dragi gospodare,
Iznenada nas zabuši listom?
Sakup ovaj na zlo ne priliči,

No na radost i na vječnu diku
Cijeloga roda rišćanskoga.
Naša zemlja su čim se dičila
Do slobodom i do pribježištem?
Jerbo nigđe spasenija nema
U svijetu od tiranske ćudi,
Do u naše gore stiješnjene.
U njima se dosad utjecalo
I tiranstvu po nosu davalo:
Rašta caru da je zabranjeno,
Pa jošt našem caru pravoslavnom?
Ja se tome dočudit ne mogu!

VLADIKA SAVA
To bi bila bruka i grdilo
I pohula na junačku diku,
Da ikomu utok zabranimo.
On je mogâ uteć' kao mnogi;
Ali što se lažom pretovari
I uzvija narod na sve strane:
To mi ne da mira ni lijeka,
To na dobro izisti ne može,
No na bruku i veliku muku.
Car je ime veliko, vojvoda!
Car bez carstva, kud će veća bruka!

JAVLENIJE TREĆE

Izvedoše među narodom Nika Đurova, Marka Tanovića, Vuka

Markova i jošt njih desetak, koji su s vladikom Vasilijem hodili u P.-Burgu i gledali Petra III-ga, da ih čisto raspitaju je li on.

POP ANDRIJA ĐURAŠKOVIĆ
Čujte dobro, naša braćo draga,
Te ste skoro u Rusiju bili
I gledali cara rusinskoga:
Kumimo vas od neba do zemlje,
Pa u nakrst zemlje i svijeta!
Kažite nam bistro i lijepo,
Je li ovo glavom car rusinski?

SVI *(iz glasa)*.
Potežemo svi na našu dušu,
Da je ovo glavom care Petre.
Kada bjesmo ono u Rusiju,
Svi smo jednom sakupno otišli
Kod njegova dvora velikoga,
I on glavom ispred svoga dvora
Šetaše se tamo i ovamo:
Sav u srmi i u čistom zlatu,
Kratku pušku na ruke nõsâše.
I car Petar ak' ovo ne bude,
Cijelom se hvatamo narodu
U sve naše glave i imuće:
Naše glave na ognju razns'te,
A imuće narodu u piće!
A eto mu oblik pod Maine,
Da l' nijeste njega iznosili
I viđeli, oči vam ispale!

Svekoliko što je i kako je?

NAROD *(iz jednoga glasa).*
Car je, car je, čisto smo viđeli!
No, glavari cijela naroda,
Haj'te k njemu, te ga dovedite:
Želi narod gledat' ga očima,
Pozdravit' ga i poklonit' mu se.

JAVLENIJE ČETVRTO

Odu glavari u sobu k Šćepanu i vode ga među narodom, velika fiska od radosti, grmljave pušakah, čudo se rodi; načine mu sjednicu nasred polja, te sjedne. Vladika Sava podaleko od njega sjedne, glavari oko njega dube, a narod sav u gomili krugom stoji.

ŠĆEPAN *(k narodu).*
Pozdravljam te, viteški narode,
Prava diko roda slavenskoga,
Ogledalo borbe nečuvene,
Prečišćena iskro vjekovima,
Mučeniče i žertvo slobode,
Prognaniče za čast od tiranah!
Što uradi Istok sa Zapadom,
Kakve strašne učini promjene!
Kakve sile satrije vrijeme!
Plijeniše narodi Rimljane,
Utopi se Grčka u basnama.
Kakve mišce Osman isprelama,

Z'jevajući da svijet proguta!
Bola, kuran utrije Slavjane,
Bratske krvi prosipju rijeke.
Ko bi ikad mogâ vjerovati,
Da narodac jedan bez priprave
Mož' ostati i protivustati
Divljoj sili, svih zalah sastavi,
Stambolskijeh grubijeh hakanah
I otrovnoj sili vjerovanja?
Pozdravljam te, svetinjo slavenska!

Celiva zemlju pred sobom.

U tebe je moje spasenije,
A u mene tvoja sreća sjajna:
Sve ću one ispunit' objete,
Koje ti je moj veliki predak
Toržestveno za trud obrekao.
Neće nigda blagorodna žertva
Bez obilnog ploda ostanuti.
Pozdravljam te, junački utoče!
Neka budeš i carskim utokom,
Ah, nesrećna cara raskrunjena!

Plače i sav narod plače.

POP ANDRIJA
Gospodare, cio narod želi,
Ako milost tvoja izvoljava,
Da mu kažeš tvoja stranstvovanja,

I rašta te s prestola digoše.

ŠĆEPAN
Hoćahu me oženit' latinkom,
Da s njom mrsim petke i srijede,
A ja ne kćeh nikad ni dovijek
Svoju čistu vjeru pogaziti;
Voljeh carstvo zemno izgubiti,
No nebesno da izgubim carstvo.
Tada meni krunu oduzeše,
Hoćahu mi i glavu uzeti;
Ja pobjezi noću bez obzira.
Znam, za mene utočišta nije:
Ko bi smio primiti me neće,
Ko bi htio, primit' me ne smije.
Hajde, smisli, baš u Crnu Goru,
Koja mi je srcu ponajbliže —
Primiće me, a primiti smiju —
Te ja dođi srećno u Carigrad
U jednoga dobra rišćanina,
Sve mu kaži što je i kako je.
On me krovom u kuću namjesti,
Dok telali na svakoju stranu
Zaurlaše po kletu Stambolu:
„Car je ruski negđe u sakrovu
„U našemu gradu velikome.
„Ko ga caru na poklon dovede,
„Dava sultan blago nebrojeno:
„Nek' ga nosi, dokle se nadosti;
„Ko l' ga skrije, ali kud proturi,

„Nove će mu muke udariti,
„Kojih nema u kanon Osmanov."
Prepade se moj kukavi gazda,
Drkteći mi počne govoriti:
„Da se možeš mišom prometnuti,
„Sakrio te ne bih nikojako
„Od vražjega nosa i pretresa;
„Da se možeš ticom prometnuti,
„Ne bi tebe krila unijela,
„Kolike su kuke i okuke,
„Dok bi na put pravi izletio."
Prepadoh se, da ću poginuti,
Jer su jezni Turci na Moskove.
No kad mrče, gazda me pozove,
Te mi skupa dućanu njegovom,
Te on sa mnom u vreću pamuka,
Zamota me i naredi krasno,
Pa sjutradan pet stotinah vrećah
Iz Stambola spremi put Mletaka,
Te na brodu sa mnom u pamuku.
Iz Stambola u vreću pobjegoh,
A iz vreće u Mletke izljegoh,
Te ja morem, dokle u Spljet dođem,
Sve za Goru Crnu propitujem.
Kad vidješe žbiri i uvoda
Što željkujem i kud mi je srce,
Išćeraj me u Hercegovinu,
Te ja skitaj tamo i onamo,
Dokle dođi u Arslanovića.
Ne pitaju što sam, ni otkud sam,

No pitaju koga sam zanata.
„Jahač dobar, drugo ne znam ništa."
„Dobro, Njemče, sjutra ćemo vidjet';
„Ako slažeš, glavom ćeš platiti!"
Sjutradan mi konja izvedoše,
Silna hata, kâ gorskoga diva,
Nekovana i neobjahana,
Te halata Arslanović-age.
Skupilo se pedeset Turakah,
Da gledaju kâ ću poginuti.
Ja pojaši hata kâ sokola,
Ponese me kako vihor ludi,
Kud sam šćede i kud prvom skoči.
Dan i noć sam na konju letio,
Dok od sile i umora pršte.
Ja otolen pješke u bespuće.
Dan četvrti u Novome sađem,
Iz Novoga dođem u Maine,
I evo me, braćo, među vama.
Sa najviše sreće na svijetu,
Sa gordoga carskoga prestola
U nesreću najljuću upadoh —
U skitanje, sramotno stradanje.
Prezrela me jošte sreća nije,
Kad sam došâ u svome narodu,
Za kojim mi srce s ushićenjem
U carskome domu tucijaše.
Ah, sudbe se po vjetru okreću!

SAV NAROD
Blago nama, naše sunce sjajno,
Kad te sreća nama donijela!
Jošt nijesmo sreću izgubili,
Kad među se cara vidijesmo
Naše krvi, našega jezika!
Za tvoj život naše polažemo,
Tvoja riječ naš će zakon biti.
Na naša ćeš djela vidijeti
Našu ljubav Rusî posestrimi,
Našu ljubav k tvojoj carskoj glavi,
Našu ljubav k tvojoj carskoj kući.

JAVLENIJE PETO

Dohodi poklisar g. Obrjeskova, poslanika ruskog u Carigradu, i dava vladici Savi pismo. Vladika natmuren čita i katkad se poobjehne.

ŠĆEPAN *(zažarenoga lica).*
Otkud pismo, gospodin-vladiko,
Kakve ti je glase donijelo,
Te niti si sjetan ni veseo?
Da se Turci od mene ne plaše,
Ali da me Rusi ne panjkaju,
Da utoka ni ovđen ne nađem?

Vladici Savi ga je tobož mučno obličiti, gdje je u kuću došao.

VLADIKA SAVA
Da... Da...

ŠĆEPAN
Ja ne znadem što je to dakanje,
No ja hoću čisto i otkrito
Da se zbori preda mnom i tvori.

TEODOSIJA MRKOJEVIĆ *(vladici Savi).*
Što se stidiš od te paralaže
Gosteprimstvo da ne uvrijediš?
Kod bestidna i sramotna lica
Dobrodjetelj nemade cijene.
Da l' ne vidiš kuda on kuburi?
Zvanijem se lažnim osveštava,
Te prvenstvo neko prisvojava.

Huka i velika buka od Šćepana i svega naroda, da proždru Mrkojevića; ali se kojekako umire, i narod ište da mu se pročita pismo.

VLADIKA SAVA *(čita pismo).*
Osvešteni gospodin-vladiko
I ostali vrhovni glavari
Od naroda hrabrog crnogorskog!
Sverusinska velika carica
S duševnom je skorbom razumjela
Da se kod vas jeste pojavio
Samozvanac nekakav lažavi,
A pod Petra trećega imenom.

Svako znade, ja mnim, i vi znate,
Da se Petar treći prestavio
Jošt tisuću i sedme stotine
I šezdeset i druge godine
U cvijetu od života svoga,
Od trideset i šest punih ljetah
I stotinu tridest i pet danah.
Pa mi dođe visoka naredba,
Da vam ovu objavim istinu.

ŠĆEPAN *(hitno)*.
Kako ti se to pismo dopada,
Gospodine i vladiko sveti?

VLADIKA SAVA
Đavoliko veoma, Šćepane!
U ružan si posâ zagazio.

TEODOSIJA MRKOJEVIĆ *(vladici Savi)*.
Ne čudim se ja jednoj budali:
U svašto će ona zagaziti;
No se čudim našim prvencima,
Glavom buduć' jednoga naroda,
Jošt naroda svim zlam izložena,
Za kakvom su otišli pameću,
Kakav ih je vjetar uzvijao!
Da l' ne vidiš čisto Crnogorce,
Jer su zlijem tragom obrnuli!
Badava su svi dokazi naši,
Javne laže njegove badava;

Đavo im je oči zasjenio,
Đavo im je svijest polokao.
Neki kažu da su ga poznali,
Đe se s puškom ispred dvora šeta;
Kada cari s puškama šetaju?
S druge strane snovi i gatanja
Po svoj su se zemlji razasuli,
Predskažujuć' strašna sobitija.

VLADIKA SAVA
Ovo nije ništa, do nesreće
I grehovi neki sustignuli,
Te je prevrat došâ i ovome,
Kâ sve srpsko što se prevratilo!

ŠĆEPAN *(narodu).*
Čujete li ono mudrovanje?
Oni su se mene uplašili,
Jere ću im uzet' vlast vrhovnu;
Pa kad im se vlast uzme vrhovna,
Predskazuju strašnu pogibiju
Gori Crnoj i njenoj slobodi.
Ko će gore, vašu postojbinu,
Strmoglavce igda okrenuti,
Kâ pričaju ovi duhovnici?
Ko ih može igda okrenuti,
Dok su takvi momci kâ lavovi?

Pokazuje rukom na narod.

Ko ih igda može okrenuti,
Kad osmanskom gigantskom napregu
Pred gorama ovim krvavijem
Čelikove spone popucaše;
Kada Osman, opiti dobićem,
U najluđoj svojojzi pjanosti,
Crnu Goru s mora na Moraču
Svu prekriva svojim lješinama,
Al' joj obraz ocrnit' ne moga?
Dohode im pisma nečesova,
Te me prate zlobom i lažima.
Malo im je, krivokletnicima,
E mi krunu moju oduzeše
I sve carstvo, moju đedovinu;
No me zloćom gone po svijetu,
Ime carsko da meni oduzmu,
Te mi služi žalosnom utjehom
U plačnome mome stranstvovanju!

Jako plače.

Čujte mene dobro, Crnogorci!
Iznova ste mene zacarili
I dali mi božju vjeru tvrdu,
Da ćete me vjerno poslužiti,
A ja vama trude nagraditi.
Vi me sada snova rascarite;
Al' nakaž'te i prožen'te grdno
Crnu kapu, oda zla bjelegu,
Koja laže među vama sije;

Jerbo sreće nije u narodu,
Kojim kapa rukovodi crna.

Starešine i sav narod skoče kao bijesni i proženu vladiku Savu, Teodosija Mrkojevića i njinu družinu, kojih u sve nije više od desetine bilo; brže-bolje potrče, uzmu vladici Savi sedamdeset volovah, podijeli ih narod.

ŠĆEPAN
Slušao sam, vjerovâ nijesam,
Da Kastriot na polju Zadrimskom
Jednim mahom sablje i mišice
U okolu hrabre svoje vojske
Volovsku je glavu odsjekao;
A to čudo danas sa očima
Evo viđoh na polju Cetinjskom:
Markoviću Lazo s jataganom
Odsječe je volu oraćemu
Jednim mahom, kâ glavu kupusa.
Pade glava pred njim na poljanu,
A stranom se odvalja trupina.
Sredstva ljude čine velikima,
I Skenderbeg ne bi onaj bio,
Da ga Zapad nije potpirao.

Šćepan postavlja uredbe po Crnoj Gori, ozida sedam kulah na vrhove od Lovćena za spomen sedam velikih bojevah crnogorskih s Turcima. — Prosiplje deset dukatah na drum (put) krstački, da vidi smije li ih ko ukrasti, je li mu uredba jaka. Povraća se okružen sa svim glavarima na Cetinju uz sviranje dipalah i grmljave pušakah.

ŠĆEPAN *(u skupu među glavarima).*
Sad sam svetu dužnost ispunio,
Kad besmertne digoh spomenike:
Sedam kulah na sedam planinah,
Vječni spomen za vitešku diku.
Dokle čovjek po gorama stupa,
Dokle sunce svoj put ne izgubi,
Dotole se vijek protegnuo
Hrabrijema onim junacima,
Kojima sam digâ spomenike!
Sada malo mogu odahnuti.
Uredbu sam u zemlju metnuo,
Znadem narod da me uvažava,
Prosipâ sam na putu dukate:
Treći dan se cijeli nađoše.
Nije stidno pohvalit' se pravo:
Ja učinih što niko ne moga,
Otkad ove gore ponikoše.

JAVLENIJE ŠESTO

Dolazi patrijarh pećski, Vasilije Jovanović Brkić, sprovođen od mnogo naroda, utekavši noću iz postelje od Turakah, koji su bili došli da ga odvedu Karaman-paši Dukađinskom, da ga rečeni paša objesi ili na kolac udari, zbog sporazumjenija koje je vodio s Šćepanom. Patrijarh pristupi smireno Šćepanu, a ovaj sjedi, prima ga kao car, gordo, ne susretavši ga.

PATRIJARH
Blago meni i rodu srpskome!
Bogom prosta moja stradanija!
Niti žalim stada ni prestola,
Niti lavre, građu Nemanjića,
Kada cara viđu na Cetinju,
Nad njim barjak, carsko znamenije!

Šćepanu se vija carski barjak na kuli.

Imao sam rašta postradati
I trpjeti muke svakojake!
To sam svagda u Boga prosio,
da mu viđu ja pomazanika.
Želja mi se danas ispunila,
Sad mi žao nije umrijeti.

Plače patrijarh od radosti; čini mu Šćepan rukom znak da sjedne, patrijarh sjeda.

ŠĆEPAN
Zahvaljam ti, poštena starino,
Za veliko tvoje usrdije.
Tvoje žertve i tvoje trudove
Bog i ja ću znati nagraditi.
Takovi su rijetki pastiri,
Koji rado sobom i imućem
Pritiječu na oltar narodnji.
Glas je opšti meni potvrdio

Stradanija tvoja nečuvena
Na ostrvu Cipru zatočnikom,
No nam od njih štogod poraskaži,
Da mučenja spomen dijelimo,
Da ti duši bude polakšije.

PATRIJARH
Gospodare, naše sunce jarko!
Kada začuh da si ti došao
U našemu kraju i narodu,
Zasjaše mi lavre Nemanjića;
U raj mi se pretvori Rasija,
Srpska sveta zemlja Palestina;
Isto mi se srce obradova,
Kâ da Dušan Veliki ustade,
Kâ da Srbe pozva na osvetu —
Ja ti pošlji onaj kolač mali.
Da imadoh krunu Nemanjića,
Šćah ti krunu na dar otpremiti.
To se začu u ravnu Rasiju,
Da ti spremih velike poklone,
Carsku kupu i hata mojega;
Skoči grdni mučitelj hristjanski,
Od Rasije paša Karamane,
Uhvati me noću u Dečane
I sveži mi ruke naopako,
I spremi me Turkom svezanoga,
Baciše me Cipru na otoku.
Kad mi b'jele razvezaše ruke,
Svi mi nokti s rukah popadaše.

Tu tavnovah četiri mjeseca
Pod podrugom i pod mučenijem.
Sve sam dane u plač provodio,
Moleći se nebu milosnome,
Da mi dušu uzme iz tijela,
Izbavi me muke pesijanske.
Kad se mjesec napuni četvrti,
Puštiše me iz kletoga ropstva.
Kako dođoh u patrijaršiju,
Jošt s večera pođem u postelju.
Tek san prvi bijah dohvatio,
Dok zatrupa neko na vratima —
Kad ali je momče od hristjanah,
Utresa se kao prut nad vodom:
„Bjež' zaboga, presveti patrika!
Noćas tatar stiže iz Stambola
Poganome paši Karamanu,
Da ti život uzme na mukama,
Na konopu, al' na kletom kocu,
I sad će te uhvatiti Turci."
Ja pobjezi u čemu se nađoh.
Ne odmakoh ni stotinu krokah,
A manastir opasaše Turci.
Stade piska jadne kaluđere
I crkovne proče služitelje.
Ništa ne znam što se učinilo,
Jesu li ih Turci pogubili
I bijelu crkvu razurili.

Plače i svi naokolo plaču.

JAVLENIJE SEDMO

POP ANDRIJA ĐURAŠKOVIĆ
Bože dragi, na svemu ti hvala,
Kakve vlasti darova đavolu!
Ma ako smo za greh pradedovski
Zakrivili da se izmučimo,
Ma nijesmo da se istražimo;
Jer ako se listom istražimo,
Ko će ti se za grijeh kajati,
Koji pade na srpsko koljeno;
Ko li će ti uživat' milosti,
Kad se jednom na Srbe smiluješ?

ŠĆEPAN
Lakše, pope, kud si zagazio!
A evo si — oprosti mi, Bože! —
Kâ da s Bogom pravdu započeo.

POP ANDRIJA
Nevolja je, dragi gospodare,
Da izide čovjek iz svijesti,
Što se čini na svakoju stranu,
Kâ nevinost strada od tiranstva,
Kako plače pravda pred nepravdom.
Oprosti mi, Bože svemogući!
Kâ da ni ti glavu ne obrćeš,
Što se čini po zemlji nesrećnoj;
Kâ da ti je to najmanja misâ,
Kad nepravdu satrijeti nećeš.

ŠĆEPAN
Stani, pope, da te razaberem:
U Boga je trenuć što i vijek,
U Boga je vijek što i trenuć;
Drukčije se računa na nebo,
No na zemlju što mi računamo.
Božja djela raspitat' je trudno.
Da l' ne čitaš njegovu tajinu
I u moju sudbu nečuvenu?
Može biti da sam ja mesija,
Dovedeni rukom nevidimom,
Da zla ova listom utamanim,
Da nepravde razrušim oltare,
Da podignem i okrunim pravdu,
Da saberem stado razagnato.

Patrijarh ustaje na noge i čita „Slava vo višnjih Bogu".

JAVLENIJE OSMO

Dohodi momče nepoznato i daje Šćepanu pismo. Šćepan ga dava popu Andriji, da ga pročita. Kaže pop: na pismu ne ima potpisa i hoće li na glas čitati. Šćepan daje znak da čita.

POP ANDRIJA *(čita pismo).*
Vašem Carskom Veličastvu poklon!
Bezimenjak ovo vama piše,
Bezimenjak, ama Srbin pravi,
Bez prevare, nek' ti je na znanje.

Strašna ti se skuvala popara,
Mletke su je dobro osolile,
A Carigrad bolje opaprio.
Što je turske sile u Evropu,
Eto ti je listom u svatove.
Čvrsti kosti za opake gosti.
Ja se bojim, i živ sam umro,
Da đavolja sila ne nadvlada,
Da slobode iskru ne ugasi,
Spram koje se iz ropstva krstimo.
Ja sve ovo po čistini znadem,
Vražju mrežu pred očima imam.
Od mora se malo što plašite:
Običaj je stari Venecije,
Da sve maha pred Stambolom repom;
Al' što će mu tu pomoći dužde?
Ko će slabe izvest' Talijance
Na litice vaše nepregledne,
Koje su se svuda nakapile
Po granice dužda mletačkoga;
Na kojim se izležu orlovi;
S kojim vječno ratuju gromovi?
Novi care, bio nam i srećan!
Evo zgode, a evo prilike,
Da pokažeš cijelu svijetu
Kako će ti kruna pristojati!

POP ANDRIJA
Bog da prosti, čudnoga Srbina!
Krupno piše, ništa ne zamiće,

No istinu u oči govori.
Uprav' sada treba pokazati
„Kako će ti kruna pristojati."
Pazi dobro, iz glave ne vadi,
Od kakva si roda velikoga!
Svak je rođen, da po jednom umre,
Čast i bruka žive dovijeka.
Bez muke je junakovat' lako,
Ma pod krunom od olova teško.

Šćepan, nadmuren i obješenih brkah, pita knjigonošu ko mu je dao ovu knjigu. Knjigonoša mu na tajno kaže da mu ono piše arhimandrit barski Debelja, kojega je Mehmet, paša skadarski, spremio s pismama k produru kotorskome, da glave kako će udariti na Crnu Goru.

ŠĆEPAN *(k patrijarhu)*.
Svetijejši oče patrijarše,
Ti poznaješ Turke u Evropi.
Koliko je sile u Turčina,
I jesu li valjasti junaci?
Bismo li se mogli održati?

PATRIJARH
Gospodare, ne znam ti kazati.
Nigda roba za moć tiranina
Nemoj pitat', da se ne prevariš.
U ropstvu sam rođen i porastâ,
Strah je turski krv moju smrzao,
Ja ne mogu već nikad imati

Ponjatija o tome pravoga;
No se muči, kako te Bog uči.
Sa pomoću Božom i svetijeh,
Sa čistijem postom i molitvom
Bog će dati da se odbranite.

JAVLENIJE DEVETO

Dohode Turčin Perović, Vujadin Krivokapić, Bajo Gavrilović i Pejo Pešikan i dovode dva tatarina turska svezana pred Šćepanom.

ŠĆEPAN
Dobro došle, cucke četovođe!
Dosta mi se glavah nanesoste,
Pa i roblje dovodit' počeste.
Otkuda je to dvoje Turadi,
Te ste mi ih na daru doveli?

BAJO GAVRILOVIĆ
Jad ih znao u njihovu glavu!
Zapadosmo udno Sutorine,
Kad evo ih pravo put Novoga,
Nagaziše, te ih pohvatismo;
A jedan ni u Novi uteče,
Jer imaše konja prebijesna.
Ja bi rekâ, ere su tatari,
Rašta ima nekakijeh knjigah
Tri najviše u njih rukoveti;
I evo ih, te ih razgledajte.

Dava Šćepanu pisma.

> Koliko smo jada vidijeli
> Pitajuć' ih putom cijelijem,
> Da nam kažu što su i otkud su;
> I nikad im, pasijem vjerama,
> Izmamiti riječ ne mogasmo!
> No gledajte što u pisma piše,
> A njih ćemo sada raspitati:
> Ako išta slažu, pogiboše,
> Oba ću ih udrit' iza vrata!

Sila se naroda sabralo. Šćepan gleda pisma, kao da umije čitati, a Bajo izvadi go mač više onoga starijega tatarina i počne ga pitati. Svak se iz ljubopitstva ućutao i gledaju što hoće da bude s Bajom i s tatarinom.

> BAJO GAVRILOVIĆ
> Kažuj pravo, grdna poturice,
> Otkuda si i kud si hodio,
> Jer ti nije, vidiš, razmicanja,
> No ti glava sad o koncu visi:
> Ako slažeš, konac se prekide;
> Kaza l' pravo — vjeruj jemca Boga —
> Pređe moje ne s'ječe se tvoja;
> Zdravo ću te kući otpraviti,
> Pod oružjem, kape nakrivljene.

SMAJO *(tatarin)*.
Ja sam rodom iz Hercegovine,
Iz tvrdoga Stoca na Bregavi,
Tatarin sam vezira Azama,
U njegove prebivam saraje
Uprav' glavom u Visoku Portu.
Car otpravi do tri kapidžije,
I sa njima tridest čohodarah
I trideset lakijeh tatarah;
Ponesosmo tri carska fermana
Na rukama dva carska vezira,
Bosanskome i rumelinskome,
I Mehmedu, paši skadarskome:
Da podignu vojsku svukoliku;
Da na vašu udre Goru Crnu;
Da uhvate cara moskovskoga,
Te dobježa među Crnogorce;
Da mu devlet i kuvlet sataru,
Te podigâ đe mu mjesta nije
Protiv Božje i careve volje.
Ja sam došâ s Mehmet-kapidžijom,
Te predasmo careva fermana
Osman-paši, bosanskom veziru.
Otpravi me vezir od Travnika,
Da ponesem pisma u Kotoru,
Koja piše mletački bailo
Iz Stambola duždu mletačkome.
Suđeno mi ne bi zdravo proći,
No me evo uloviste živa.

BAJO GAVRILOVIĆ
Pričaj, Smajo, amanet ti Boži!
Svašta pravo, jednako ti biva:
Znati ćemo brzo svakojako.

SMAJO
Hoću, Bajo, tako mi proroka
I visoka mečita Alaksa!
Ta na svetu kiblu ne pljunuo!
Što ću kriti što je pred vratima?
Krenuli smo iz Stambola grada,
Tek prođosmo široku Jedrenu:
S ove strane široke Jedrene
Svud bijahu razviti barjaci,
Za njima se dizahu vojnici.
Uglava je da prispije vojska
Svakolika na vaše granice
O Gospođi Maloj, te zovete.
Beglerbeg će rumelinski doći
Baš sa pašom od Skadra bijela
I silnijem pašom Karamanom,
Svi će doći i dovesti vojsku
U prostranu Zetu do Morače;
A bosanski vezir, Osman-paša,
I sa njime paša Šuvajlija
U petak će na Gacko panuti,
Pa otolen s vojskom silovitom
U Nikšićsko polje navaliti.
Udriće vam sa svakoje strane.
I slušaj me, Bajo pobratime,

Da ožive sve vaše dubrave,
Svi gvozdene da imate zube,
Svi u čelik da se okrenete:
Ne bi mogli ništa uraditi,
Kakve su se johnule mrčave;
No dogovor mudri načinite,
Učinite pogodbu s Turcima,
Jer će vam se utrijet' koljeno.

Smije se narod.

BAJO GAVRILOVIĆ
Pobratime, po turski luduješ,
To je vama u trag ostanulo.
Ne briži se nama, ako Bog da!
Mi smo vješti turskijem gostima:
Što ih više k nama na čast dođe,
Gostimo ih svagda poštenije,
Sa višim ih spravimo kolačem.
I sad ćemo, pobre, ako Bog da!
Pamti dobro hoću li lagati.

Daju oružje Smaju tatarinu i puštiše ga na slobodu, te ode kući.

ŠĆEPAN *(u sebi)*.
E mogah li bez ove pogrde?
Divno li mi vrag poloka svijest!
Kuda mi se đede pamet prazna,
Da se kažem carom rusinskijem!
Je li đavo jošt ikad čovjeka

U ovakvu bruku zatrpljao?
Što đavola krivim i bijedim?
Ja sam krivac Bogu i narodu!
Prosto svašto, evo sijaseta:
Sad ako se narod osvijesti
I pogleda bistrijem očima
Kakve laži iz prsta isposah,
Kakve b'jede navukoh na njega —
Ne mari me vrći pod gomilom.
Što će mudrost, kad joj vr'jeme nije,
Imalo se kad mudrovat' prije!
Drž' se laže, stare uzdanice,
Drž' ovako, kako si počeo!
Neka bude svašto na svijetu,
Biće žnjetva bolja od posjeva.
Od iskona i pantivijeka
Sva pričanja ne mogu slagati:
Narod ovaj mora vjeran biti,
Za hrabrost mu ne treba pitati.

ŠĆEPAN *(narodu).*
Da, evo ih ne treba dvojiti:
Zlobne duše na pakost su spremne.
Turci spremni na zlo crnogorsko,
Zna se zašto, kad dese priliku;
A sada je viša nego igda.
Kleta zavist duševna je kuga,
Bez krvi se trudno ona gasi.
Hajd' i vragu razlog da nađemo!
Pas i mačka, Turčin s Crnogorcem,

Ne mire se do suđena danka.
Ova vražda niče na Kosovu,
Nepravda je turska posijala,
Crnogorska smjelost raspalila.
Prosta bila Sataninu rodu:
Ćud opaka pod crnom haljinom;
Al' Mlečići, crn im obraz bio!
Što u vražjem kolu poigraše?
Đe su kletve, svetinja hristjanska,
Te vezaše s vama od iskona,
Da su vječni vaši prijatelji;
Đe je krvca vaša prolivena,
Te u pomoć njinu prolivaste
Za slobodu roda hristjanskoga;
Đe je ono prijateljstvo staro,
Te s prađedom mojim utvrdiše
Aleksijom Mihailovićem?!
Kako li se ljuto pothvaćaše
Franjo Molin, dužde od Mletakah,
Da će ostat' Mletke sa Rusijom,
Dokle traju, pravi prijatelji!
Pogaziše danas prijateljstvo.
Gadi mi se, i nevolja mi je,
Kad pogledam svojijem očima
Što Duodo, Justinijan pišu.
Ta ovo su pokršteni Turci,
Gadno dišu, još gadnije pišu!

JAVLENIJE DESETO

VOJVODA VUKSAN MILIĆ *(Šćepanu)*.
Ja bih sada sve to mudrovanje,
Iz dubine što je, da se baci;
Da radimo, bez šta ne možemo.
Napišimo knjige na sve strane
U sve naše dvadeset plemenah:
Ko se nije nagnâ na Cetinju,
Nek ustaje na noge lagane:
Neka momci narede oružje,
Barjaktari razviju barjake;
Neka svako kreće na granicu
Ka Ostrogu i ka Jednošima
I k zelenu Viru Crmničkome;
Neka svako stoji na oprezu,
Jer nebojšu svagda vuk izije.

Spremaju pisma i poslanike u sva plemena, da svako ustaje i ide na rečena mjesta.

VOJVODA VUKSAN
Kako misliš ti sad, o Šćepane,
Ol' predvodit' u boj Crnogorce?

ŠĆEPAN
Upravljâ bih vojskom uređenom,
Ali gorskom upravljat' ne znadem,
Koja nema topa ni konjikah,
Ni poznaje urednu komandu.

VOJVODA VUKSAN
Ako misliš na tome gledati,
To se u nas doživljeti neće,
Tome hoće velika prćija;
Pa i da je svašta što trebuje,
Toga gore trpjeti ne mogu.
Da smo šćeli mi na to čekati,
Puške u boj mrčili ne bismo.

Zagrmješe topovi na sve deset gradovah turskijeh okolo Crne Gore po stotina u jednom, razječaše se i ustresoše gore crnogorske: znak da vojska turska ide jednako; grme, ne prestaju. Odvoji se dvije stotine momčadi crnogorske u dva kola i počeše pjevati, sav narod okolo njih stade i sluša ih.

PRVO KOLO
Nek' gromovi turski ore,
Nek' se gore s njima bore,
Neka vraži prsne pakâ,
I prekrije svijet mraka;
Što je bilo, to će biti —
Crnogorac pob'jediti.

DRUGO KOLO
Neka Osman zlobom diše,
Neka ga je triput više,
Kad je kod nas sloga sveta,
Oholost će pasti kleta;
Što je bilo, to će biti —

Crnogorac pob'jediti.

PRVO KOLO
Nek se mnoštvom Turčin hvali,
Neka cio svijet žari:
Đe mišice upru naše,
Legu u prah turske baše;
Što je bilo, to će biti —
Crnogorac pob'jediti.

DRUGO KOLO
Nek se Stambol, Mletke vežu,
Mustafine orde sležu,
Kad slobode potres čuju,
Tad će znati što vjeruju;
Što je bilo, to će biti —
Crnogorac pob'jediti.

PRVO KOLO
Što se Turčin digâ holi,
Kada krivo Boga moli,
Kad slobodu svetu ruži,
A tiranstvu slepom služi?
Što je bilo, to će biti —
Crnogorac pob'jediti.

DRUGO KOLO
Kada sinu naši mači,
Razleć' će se Turskom plači,
Gostiće se gavranovi

Turskim mesom i vukovi;
Što je bilo, to će biti —
Crnogorac pob'jediti.

PRVO KOLO
Ko će uzet' naše slave,
Dok su naše zdravo glave?
Niko drugi, ni Bog neće,
Kad sloboda naša kreće;
Što je bilo, to će biti —
Crnogorac pob'jediti.

DRUGO KOLO
Sloboda je ime divno,
Za njom ljudsko srce kivno,
Ko s njom umre, s njom se rodi,
Našem Bogu taj ugodi;
Što je bilo, to će biti —
Crnogorac pob'jediti.

PRVO KOLO
Hajd'mo u boj svi pojući,
Stare naše spominjući,
Kad je Božja volja s nama,
A sila nam u mišcama;
Što je bilo, to će biti —
Crnogorac pob'jediti.

DRUGO KOLO
Prsa naša nabrečaše,

A mišice uzigraše,
Ne dadu nam više stati,
U boj treba pohitati;
Što je bilo, to će biti —
Crnogorac pob'jediti.

Odoše svi na rečena mjesta, da dočekaju Turke, a Šćepan se sakrije negđe u kraj.

DJEJSTVIJE DRUGO

JAVLENIJE PRVO

(Na Čevo.)

Pod šatorom beglerbega rumeli-valisa.

Crnogorcima nestade fišeka, šalju tri poslanika Turcima u okolu na Čevo, da ako bi kako hitrinom vratili Turke natrag, a poslanici su po imenu: iguman Teodosija Mrkojević, proto Jovan Avramović Bjelica i Lazar Bogdanović Njeguš. Iguman jaše brnjaša Šćepanova. Sreta ih paša Šuvajlija i uvodi pod seraskjerovim šatorom.

> TEODOSIJA MRKOJEVIĆ *(umiljato).*
> Dobro jutro u gospodski šator!
> Kako si nam i jesi li zdravo,
> Gospodine i gospodičiću?

Paša je Šuvajlija tolmač, daje znak poslanicima, da pristupe ruci beglerbegovoj; oni neće. Beglerbeg, namršten, za lijek im daje znak pozdrava glavom. Posjedaše poslanici bez pitanja, a begovi i paše svi dube, samo što sjedi uz seraskjera Osman-paša, vezir bosanski.

> TEODOSIJA MRKOJEVIĆ
> *(pročim begovima i pašama).*
> Kako ste nam, ostala gospodo
> U svijetu carstva najjačega?

Turci stoje kao smrznuti, niko ni u nos.

> BEGLERBEG *(važno).*
> Ej vi starci, što tražite ovde?
> Kakva je vas nužda donijela?
> Je l' izgovor lažne pokornosti?
> Dobro znadem vaše pokornosti!

> TEODOSIJA MRKOJEVIĆ
> Nije čudo, carska desna ruko,
> Da smo k tebi i popriđe došli.
> Evo ima pet neđeljah danah,
> Otkad si nam na prag kućnji pao,
> A sve laža i kleto panjkanje
> U tebe nas jeste omrazilo.
> Davno bismo tebe pozdravili,
> Al' ne smjesmo — sramota je kriti —
> Pred tvojom se silom zemlja trese
> A kamoli šaka gorštakah.
> Ja mnim nam se rugati nećete.

BEGLERBEG *(osmjehnuvši se)*.
A đe vam je vaš car, pričajte mi,
Kojega ste skoro zacarili?
Treba da znam đe se on nalazi.

TEODOSIJA MRKOJEVIĆ
Nejma cara do jednoga cara,
Bog na nebu, a on je na zemlji;
A to nije do jedna budala,
Pa svjetina luda zahučala,
Te ga ruži i proz usta plâče.

BEGLERBEG
Ja ne pitam što je, ni otkud je,
Nego pitam đe se sad nalazi;
Hoću da znam, krili al' ne krili.

TEODOSIJA MRKOJEVIĆ
Vrag će znati đe se on nalazi!
Kad je tvoja sila narinula,
Sakrio se kâ ćuk u plotinu,
Ne znamo mu smrti ni života.

Beglerbeg dade znak rukom, te izidu svi Turci ispod šatora, samo ostane vezir bosanski, Karaman-paša i paša Šuvajlija.

BEGLERBEG
Sve mi sada počisto pričajte,
Što ste došli i rašta ste došli;
Ne hoće se meni dangubiti.

TEODOSIJA MRKOJEVIĆ
Mi želimo priđe svega znati
Smijemo li govorit' slobodno;
Jer visimo nogama u grobu,
Ma se smrti jednako bojimo:
Smrt je grkâ starcu kâ đetetu.

BEGLERBEG
Kunem vi se kletvom najstrašnijom:
Glavom mojom i bradom carevom!
Sve slobodno zboriti možete,
Kako da ste među Crnogorce;
Ne bojte se glavi ni životu,
Da proroka našeg opsujete,
Al' Mustafu njegova posinka.

JAVLENIJE DRUGO

PAŠA ŠUVAJLIJA *(poslanicima)*.
Božja vjera, tvrđa od kamena!
Na svoj vrat sam vas ovdje doveo,
I s vama sam vjeru uhvatio,
Božju vjeru do sjutra do podne,
Da krvava boja ne činimo.
Boj će prestat', glavi se ne bojte,
Dokle moja skoči sa ramenah;
Zdravo ću vas natrag prepratiti.
No zborite što vam srce žudi.

PROTO AVRAMOVIĆ
Mi smo došli s opšteg dogovora
Seraskjeru od turske ordije
Viđeti ga i pozdraviti ga,
I reći mu dvije-tri riječi.

OSMAN-PAŠA
Dobro ste se, pope, potežili
I dobar ste kolač donijeli,
Kad su samo dvije-tri riječi;
Dobro ste se dogovorit' mogli
Da nam i taj kolač otpravite.
Hajde pričaj što će i to biti,
Da vidimo i to čudo što je.

PROTO AVRAMOVIĆ
S dogovorom vojska crnogorska
Nas otpravi u vašem okolu
Poklonit' se rumeli-valisu
I ostaloj njegovoj družini,
I ove vam izreći riječi:
Da ste jači, da ste nadjačali.
Svakolika vojska crnogorska
Pripoznaje Mustafu sultana
Najjačijem carem u svijetu.
Crnogorska usta jošt nikada
Od Kosova ovo ne rekoše,
Nego danas javno izrekosmo.
Kako ovo na glas izustimo,
Da vratite vojsku svukoliku

S Čeva ravna i s zelena Vira;
Ako l' vojsku odmah ne vratiste,
Ni smo bili, ni što govorili,
Činićemo pogodbu s oružjem,
Kud pretegne, nek radi što može!

Smiju se Turci.

OSMAN-PAŠA
Čudna posla, što ste opravili!
Ja sam čisto znao i mislio:
To će biti, ali nešto takvo.
I sa tijem vi ste namislili
I u vašu pamet okrojili,
Da vratite jednu silnu vojsku
Sto i dvadest hiljada Turakah,
Da ne svrši što je naumila!
I sa tijem vi ste namislili
Zaslijepit' oči seraskjeru
I svijema nama drugijema!
Smiješnoga posla i mišljenja!

PROTO AVRAMOVIĆ
Pa što misliš, bosanski vezire?
Zar se tebi ovde malo čini?
Znadi poklon ovaj od koga je:
Od onoga, te se klanjat' ne zna!
Prađed ti ga nije čuo nigda,
Ni će ti ga čuti praunuče;
Najsrećnî si od svijeh Turakah,

Ako znadeš ovo razumjeti!

JAVLENIJE TREĆE

BEGLERBEG
Bud' li misle za mir Crnogorci,
Rašta k meni spremili nijesu
Dvadest-tridest svojijeh glavarah,
O svačemu da pogovorimo,
Da svačemu način učinimo?
Tad bih vojsku natrag povratio,
Učinio sve što bi žuđeli,
Tad bi stvari naoposlom pošle.

LAZO BOGDANOVIĆ
Sve jednako, čestiti veziru!
Mislili su naši Crnogorci
Da je dosta i u nas trojicu,
Kako da su tridest otpravili.

BEGLERBEG
Crnogorče, ne biva jednako,
Kada nije ono što ja mišljah.
Hajde pođi među Crnogorce,
I dovedi mene pod šatorom
Poglavicah što najviše možeš,
Ako šćednu, stotinu punanu;
A zadaj im Božju vjeru tvrdu,
Da se ništa ne boje životu.
Na ratu se, na miru rastali,

Jednako ih mislim darovati,
Darovat' im crvene binjiše
Od vr' glave do zelene trave.

LAZO BOGDANOVIĆ
Hoću poći, a bojim se ljuto,
Jer se neće nakaniti doći,
Ni ov'liko krvi pregaziti.

TEODOSIJA MRKOJEVIĆ
Što luduješ bez preše, Lazare?
A dovesti ni romice nećeš.

BEGLERBEG
Rašta dovest' ni romice neće?
Ti si nešto gubav, kaluđere,
Te ne želiš gasit', no žariti.

TEODOSIJA MRKOJEVIĆ
Sačuvaj me, Bože, gubavila,
Al' sramotna kakva dvoličija!
Što bih žegâ, kad želim gasiti?
No se bojim laže kâ đavola,
Osobeno pred takvim ljudima,
Te istinu kako glavu ljube.

BEGLERBEG
Kakve laže, što govoriš, bolan?
O laži se ovde ne snijeva.

TEODOSIJA MRKOJEVIĆ
Takve laže, čestiti vezire!
Pozvaćemo na dogovor k nama
Poglavare vojske crnogorske.
Svi će nam se tome podrugati,
Doć' ni jedan ni za vezu neće.
Kud će gore laže od ovake?

BEGLERBEG
Rašta ne bi na dogovor došli,
A kad im se turska vjera dava,
Da će zdravo i doći i poći?

TEODOSIJA MRKOJEVIĆ
Tisuću im zadavali vjerah,
Fajde nije, doć' nikako neće.

BEGLERBEG
De mi kaži rašta doći neće,
Što sve jednu riječ pogovaraš?

TEODOSIJA MRKOJEVIĆ
Jer razloge cijele imaju,
Da nipošto ovamo ne dođu.
Najprvi je: što ti hoće oni,
Kada s nama sve svršiti možeš?
Pa je drugi, te razlog najjači:
Sjećaju se stanka na Sitnicu
I sramotna posla Ćuprelića.
Da bi s svega što ti pričam došli,

Doći im je zazor i sramota —
S ovoga ti nikad doći neće.

BEGLERBEG *(kašljući se).*
Što spominješ posâ Ćuprelića?
Za onda se onda poslovalo.
To ne valja danas poslovati,
To ne valja više spominjati,
Sramota je prošla sramotnjakom;
A o tome niko i ne sanja
Osim tebe i druga tvojega.
Rašta oni ne bi smjeli doći,
Kad im davam vjeru najčistiju?
A priđe će sunce pomrčati,
No se ova vjera okaljati,
Kad im davam za jemca proroka,
Koji ráju predade Turcima
Na amanet kâ ostalu stoku!
Znadi dobro, stari kaluđere,
Ne pomažu sve kuke za muke:
Ne vraćam se silnovitom vojskom,
Da bih znao đe ću poginuti,
Dok ne vidim mojijem očima
Lažicara toga prokletoga.

JAVLENIJE ČETVRTO

Odoše na ručak seraskjer i vezir bosanski zajedno, a poslanici sa Šuvajlijom i Karaman-pašom pod njin šator na ručak. Ručaju, ne zbore ništa, dva kadije Bošnjaka poju uz tambure.

PRVI KADIJA
Blago tebi, Amzo barjaktare,
Kad si prvi barjak razvijao
Za proroka i za kuran njegov,
Na poštenje kad izgubi glavu!
Sad si prvi ridžal uz proroka.

DRUGI KADIJA
Be aferim, Amru seraskjere,
Seraskjere sultana Omara,
Kad zapali vlašku dangubicu,
I načini kuranu kaldrmu!

PRVI KADIJA
Sulemane, Orkanovi sine,
Krasna dara kojim nas obdari,
Kad nam dade ključa od Evrope!
Šta još čuda šćaše poraditi,
Da mlad nama s hata ne poleće,
Te u kolu igraš s hurijama!

DRUGI KADIJA
O Murate, janičarska majko,
Pod tobom se baše izlegoše;
Ti satrije pod konjska kopita
Dušmanina dinu najžešćega;
Glavom plati od nevjerne ruke,
Od nevjerne ruke Obilića.
Ne rodila kavurka takvoga!

PRVI KADIJA
Tamerlane, duša ti prokleta,
Što ugasi prorokovu munju,
I nasladi srce kavurima!

DRUGI KADIJA
Ej delijo, Muso čelebijo,
Mnoge l' šćaše ocrnit' vlahinje,
Da nam malo više poživova!

PRVI KADIJA
Muhamede, svečev imenjače,
Sjedi svecu uz desno koljeno
A ostavi nama baljumeza,
Kojim Stambol veliki poturči.
Padiša si i car nad carima,
Kad ti jedre po suhu đemije,
Kad tutunom okadi Sofiju.
Ti ćeš živjet' dok Turčina traje,
Priviđat' se vlaškoj gatalici
Do pošljednjeg dana kijameta.
Dao si im jade neizbrojne
I ugnao vodu u ušima.

DRUGI KADIJA
O Kanuni, najviši sultane,
Divno li te bješe pogledati,
Kad se turski Madžarskom šetaše,
Kad otkide lavu maču glavu,

I uvrsta vlahe pod Mohačem!
Al' zgriješi dinu naopako,
Jer pokvari tragu Osmanovu,
Te ti udri nedać' u haremu,
S Roksolane kuga na sultane.

JAVLENIJE PETO

Paša Šuvajlija kaže kadijama da ne pjevaju. Kadije odma odlaze.

KARAMAN-PAŠA *(Lazu Bogdanoviću).*
A đe vi je, kneže, sad patrika?
Krije li se i on sa tim carem,
Al' je na glas među Crnogorce?

LAZO BOGDANOVIĆ
Ne krije se — a što bi se krio? —
Nego sjedi u manastir jedan,
Te se moli Bogu po zakonu.
Zbilja, pašo, što se ogriješi,
Te proćera glavu od zakona
I ostavi stado bez pastira,
A tolike opusti hramove?
U Boga će ovo doplakati!
A što ti je on, starac, smetao?
Zla ni musi ne želi nikakva.

KARAMAN-PAŠA
Baš ste, kneže, i vi čudnovati!

„Zla ne želi", to se vama čini.
Kad glas puče u naše krajeve,
Da car dođe među Crnogorce,
U narodu poče nešto plesti
I sanjati što biti ne može.
Odmaha ga ja k sebi pozovi,
I kaži mu da se toga prođe,
Da ne traži cara mimo cara,
Da se prođe svakih dogovorah,
Dosim sa mnom, carevim većilom.
Ne hće ovo razumjet' patrika,
No sve više počni ludovati,
Dok najpošlje otpremi kolače
Lažicaru na polje Cetinje.
Svako voli sebe no drugoga:
Ja ti odmah uhvati patriku
I spremi ga caru u Stambolu;
Car ga baci na nekakvu adu.
Padni raja plačem oko mene,
Dosadi mi jutrom i večerom,
Te ja spremi čestitu devletu,
I devlet mi povrati patriku.
Mišljah čisto, mojega mi dina!
E patrika pamet naučio;
Kad patrika luđi no je bio:
Svijem putom iduć' od Stambola
Kojekakve lakrdije pričaj
Sve o tome caru lažavome.
Kad razumjeh što je i kako je,
Da mi starac srećno ne umače,

Pravo, kneže, hoćah ga podići,
Da sa koca gleda put Cetinja.

LAZO BOGDANOVIĆ
Zli su Turci, pašo, bez lijeka,
Kuku tome, od koga ste jači,
Njemu dana ne sviće bijela,
No ste gori od kuge svakoje!

KARAMAN-PAŠA
Nije, kneže, tako mi kurana!
No patrika velika budala.
Vidi divno, viđet' ne umije,
Đe ga držim rukama za bradu;
Vidi golu sablju pred očima,
Živjet' mu je, dok je mene drago,
I opeta đetinski luduje!
Pa da vidi ikakve prilike,
Ne bi čuda velikoga bilo;
No porašta sa sobom prevrnu,
Svak će mu se čudit' i rugati.

JAVLENIJE ŠESTO

Dolazi kafaz od seraskjera i poziva ih da k njemu idu. Odoše oba paše i poslanici. Kod seraskjera niko nije do vezir bosanski.

BEGLERBEG
Jeste li se malo razabrali?
Ja sam kazâ što meni trebuje

I bez šta se povratiti neću
Ni za jedno blago na svijetu.

TEODOSIJA MRKOJEVIĆ
Česa nije, ni car jest' ne može;
Česa nije, može li se dati?
Dade li ga iko od vijeka?
Hoće li ga dati do vijeka?

BEGLERBEG
Može sila, kada dobro stegne,
Učiniti da plače sušina.

TEODOSIJA MRKOJEVIĆ
To je priča narodnja o Marku,
Ali ko bi tome vjerovao?

BEGLERBEG
Slab vjerovat' to ne može nikad,
Nego silan to vjeruje čisto.
Pred silom se svašto lako mrvi.

TEODOSIJA MRKOJEVIĆ
Božja sila svašto smrvit' može
I dobiti ono česa nejma;
A ljudske su dosta sile slabe
U neznanju probiti putove,
Za iznaći ono česa nije.

BEGLERBEG
Kaluđere, to mi napominješ
Da lažicar među vama nije.
Nije mene lako prevariti!
Među vam je, i naći ga hoću,
Da ću stati ovdje tri godine.
Sve ako će gore crnogorske
Triput veće porast' nebesima:
Sakriti ga mojoj sili neće;
Sva ako će ova silna vojska
U vaše se gore ukopati:
Tri puta će druga viša doći
U pohode tome vašem caru.
Velika je volja sultanova:
Što Bog hoće, ono sultan hoće,
Što li hoće i namisli sultan,
Ono svijet i na silu hoće.

TEODOSIJA MRKOJEVIĆ
Pa da vam se taj čovjek i dade,
Kakvu biste sreću zadobili?

BEGLERBEG
Ko me smije o tome pitati?
No ja hoću da mi se predade.

TEODOSIJA MRKOJEVIĆ
Kako će se dati česa nije?
A i da je, predat' ti ga neće.
Sve su sile mrtve i ništave

Za onoga koji pravo misli,
Te čast ljubi više nego glavu.

BEGLERBEG
To je tako, što mi već zamećeš?
To si mogâ najpriđe kazati:
Da možete, a dat' ga nećete.

TEODOSIJA MRKOJEVIĆ
To se znade, čestiti valisu,
Da ga nikad oni dati neće;
Pa ko ima časti i obraza,
Bi l' to mogâ ikad zahtjevati
Od naroda jednog slobodnoga?

Razljuti se beglerbeg, počne turski psovati; svi ćute komat, niko ni u nos.

JAVLENIJE SEDMO

VEZIR BOSANSKI *(protu Avramoviću).*
Vjera i Bog, pope, sijaseta!
Kako bi se ovaj belaj mogâ
O manjojzi trsit' glavobolji?

PROTO AVRAMOVIĆ
Lako, pašo, da je vama drago
Od napasti da nam se prođete.
To je lijek ovoj glavobolji.

VEZIR BOSANSKI
Kada posâ do ovoga dođe,
Ne može se lako razmrsiti.
Ali smo se dužni postarati,
Na nek' način prekinut' poklaće.

PROTO AVRAMOVIĆ
Ja drugoga ne znadem načina,
Do ovoga te sam ti kazao.

VEZIR BOSANSKI
A ja znadem jedan dosta laki.
Primite ga, da se ne kajete.

PROTO AVRAMOVIĆ
Pričaj, pašo, je li i Bog dao!
Al' se čuvaj dobro besputice,
Jer je kod nas trudno i pretrudno
Putom hodit', to li besputicom.

VEZIR BOSANSKI
Kada biste vi trojica šćeli
Jošt trojicu-četvoricu uzet',
Otpremit' se pravo put Stambola,
Radi glasa jednoga praznoga
Kod devleta da nas opravdate,
Da pokornost caru izručite,
Da rečete, er među vam nejma
Toga vraga, te se carom zove?!
Seraskjer će vama dati pismo,

Divno će vas u Stambol primiti,
S darovima kući povratiti;
Kako god im seraskjer napiše,
Onako će s vama postupiti,
Jer ga devlet za svašto vjeruje,
Ili pisâ pravo ili krivo.

PROTO AVRAMOVIĆ
Zgodno si se smislio, vezire!
Kud bi više bruke i pogrde
Na svijetu bijelome bilo,
Nego da se mi pet-šest starčinah
Nevještijeh skitati krenemo?
Ta, vezire, carevi većile,
Dosadni smo mi svojojzi kući,
To li da smo caru za divana!
Nas je prošâ i divan i megdan.
Ostala je priča od starine,
S njom se svijet i danas uklinja,
Malo ljepša, no bi s nama bila:
Pošli jednom jošt u stara doba
Tri-četiri starca crnogorski
(U Crnu su Goru mimo igđe
Prejevtini starci do zla boga.)
Kâ u tajstvo bosanskom veziru.
Veziru ih na divan izvedi,
Ugosti ih s kafom na divanu;
Oni popij kafu kâ rakiju.
Stani smijeh vezirske ridžale,
Vražjemu se poslu začudili;

Nesrećni se snebi Crnogorci.
Kad to viđi bosanski vezire,
Zabolje ga neopitnost puka,
Dobar bio, srca milostiva,
Te on odmah pušti Crnogorce
Na slobodu, da se kući vrate.
A s nama bi jošt i gore bilo,
Kada bismo u Stambol otišli.

VEZIR BOSANSKI
U popa je jezik kâ u zmije,
Pop je punan svaki davorije,
K svačemu se umije primaći,
Od svašta se umije odmaći,
Svačemu se znade domisliti.
Deder, pope, domisli se sada
Kako bismo i na koji način
Ovo vražje kolo razmetnuli?

PROTO AVRAMOVIĆ
Ja ću pričat' ako me pomogne,
(A zato smo i mi sva trojica
Uglavili jošte na Cetinju,
Ako bi se do toga dognalo)
Kako bi se ovo razvijalo.
Iguman ni pješice ne može,
Te pojaši hata Šćepanova,
I ondjena divno uglavismo:
Kad budemo kod gospode turske,
Sve ćemo im po čistini kazat',

Brnjaša im dati Šćepanova.
Tada će nam vjerovati Turci
I viđeti da Šćepana nejma
Na viđelo nigđe, da mi znamo.
Tijem ćemo zadovoljit' Turke
I glavare od turske ordije.
Glas će pući u tursku ordiju:
Cara nejma, no je pobjegao,
No mu evo debela brnjaša,
Turcima ga daju Crnogorci;
I cara bi kâ brnjaša dali,
Da on nije nekud utekao.
To će silnu povratiti vojsku,
Rat krvavi odmah prekinuti.

VEZIR BOSANSKI
A znadu li za to Crnogorci?

PROTO AVRAMOVIĆ
Ne, vezire, četvero mi postah!

VEZIR BOSANSKI
A da što bi rekli, da to bude?

PROTO AVRAMOVIĆ
Mi smo lijek i tome iznašli:
Kad nas počnu korit' Crnogorci,
Ere smo im na obraz pljunuli,
Mi ćemo im posâ obrnuti:
Da smo dobro bili darovani

Od veljega paše seraskjera,
Pa uzdarje da smo povratili,
Darovali hata Šćepanova
Valisovu jednome ridžalu;
Pa na svoju Turci okrenuli,
Kako im je od traga ostalo.
Crnogorci ako vjerovaše,
Ta se posâ o lakojzi svrši;
Ako li nas vjerovat' ne šćeše,
Neka rade što je njima drago.

Smiju se tri paše, a i beglerbeg se malo objehniva.

VEZIR BOSANSKI
Musafa mi i moga kurana
U popovoj glavi ima soli!
Ta se vaša meni dopanula,
Iz nje čisto vidim i vjerujem
Da za onu ne znate budalu;
No je glavom u bestrv utekâ.
Na tome se može prekinuti.
Rašta ćemo razbijati glavu
O stijeni ovoj krvavojzi?
Ali eto rumeli-valisa,
On je glava i vojsci i nama,
On umije svašto razumjeti.
Neka čini što za bolje nađe,
Mi smo dužni slušat' i mučati.

JAVLENIJE OSMO

BEGLERBEG
Tā ne ide pravcem nikakvijem,
Tu ja vidim dvostrukost veliku
I hitrinu mudro zapletenu.
Taj kaluđer pun je licemjerstva,
Među Turke Al-Aknas ne treba,
Javno dinu da pljuje u bradu.
Što bi bila jedna silna vojska,
Što bi bila i što bi važila
Jedna sila, koju na boj vode
Jedan vezir a četiri paše
I beglerbeg rumeli-valesi,
Desna ruka dina i padiše;
Što bi bila i što bi važila:
Kada bi je takve malenkosti
Mogle vratit' i zadovoljiti?
Čim ćemo se pokazat' Turcima,
Od kojijeh cio svijet trepti?
Čim ćemo se pokazat' svijetu?
Čim ćemo se pokazat' devletu? —
S jednom starom bagljavom kljusinom!
Razberite, Turci, što zborite.
Rašta se je ova sila slegla
I potresla Turska do Stambola?
Rad' toga li, što vi govorite?
Nije, nije, nego cara traži,
Prav li bio, ili lažav bio;
Ova sila ono ime traži,

Da ga satre i da ga ukine,
I da ovu šaku odmetnikah
Al' istraži, ali je izvede
Na put pravi — na šerijat carski,
Unaprijed da sanjat' ne smiju
O drugome caru do jednome,
Koji drži svijet u rukama.

Ište jaje, te mu ga donosi sluga.

Kako jajce ovo što ja držim,
Da mu dođe u sultansku glavu,
Sa pomoćom turskoga alaha
Može bacit' svijet, da mu prsne,
Kâ ja što ću ovo jajce bacit'.

Baci ijetko jaje na vrata od šatora, gledaju Turci pred sobom, stide se ludosti.

I vjerujte, što vi danas kažem:
Al' ću carsku volju ispuniti,
Ali ove gore prevratiti,
Da se na nos u more pobiju.

Ćute dugo.

TEODOSIJA MRKOJEVIĆ *(lagano).*
Ko sad smije usta rasklopiti?
Cara tražiš đe mu strva nije,
Misliš narod cio istražiti,

A u more prevratiti gore.
Smijem zborit, vjera mi je data —
Sve su ovo stvari nemoguće.

BEGLERBEG
Strašna voda kada uzbijesni,
Kad nadvisi najvišu brežinu,
Prevali je i pustoš učini.

TEODOSIJA MRKOJEVIĆ
Ali ko je vodu od vijeka
Prinudio da uz brdo teče?

BEGLERBEG
Stambol znade mnogu majstoriju.
Da u njemu vidiš, kaluđere,
Koje čudo imade ključevah,
Koji skaču u vis k nebesima!

TEODOSIJA MRKOJEVIĆ
Pođešto sam i ja toga gledâ
Te je Božja ruka načinila,
(A ljudska je slaba sprama Božje);
Al' nikada ljudska majstorija
Izvest' ključa, da joj skače, neće
Više naše gore ponosite,
Koja drži glavu nad oblakom.

BEGLERBEG
Ti sve nešto kao nehotice

Ove gore dižeš u oblake.
Ja se čudim, tako mi ćitapa!
S oba oka kad viđu slijepca.
A vidiš li, bolan, kaluđere:
Ovdje mjesta ni življenja nejma
Za čovjeka, nako za đavola.

TEODOSIJA MRKOJEVIĆ
Ako nije mjesta za živjenje,
A ono je mjesta za pričanje,
(Pričanje je duši poslastica,
Kâ tijelu vaše gurabije.)
Pa jošt kakvo, te kakvo pričanje,
Iz koga će naša pokoljenja
Vječnu silu duševnu sisati!

BEGLERBEG
Kud god kreneš, jednim tragom ideš.
De, tako ti tvoje crne vjere!
Ništa nemoj okolišat' tako,
Nego pričaj što na srcu imaš;
Da ne rečeš, kad od mene pođeš,
Jer nijesi smio govoriti.

TEODOSIJA MRKOJEVIĆ
Smiješna je vjera u jačega,
Nejačega uvjerit' je trudno,
No sve strepi, jezik mu se mrzne.

BEGLERBEG
Vjeruj vjeri, koja se ne lomi,
Koja zemlju s nebesima veže.
Ta na krmskoj koži ne klanjao!
Ta na sveti indžil ne pljunuo!
Slobodno me mož u oči ružit',
Da ti hile pomisliti neću.

TEODOSIJA MRKOJEVIĆ
Kad se smije, imam što zboriti.
Ja te pitam što si došâ ovdje
I dovukâ ovoliku silu?

BEGLERBEG
Cio svijet Bogu prinadleži,
A Bog ga je silni darovao
Svojoj sjenki i svom namjesniku,
Pravosudnom kalifu Mustafi;
Pa po Božjoj i sultanskoj volji
Digâ sam se, da bez traga gonim
Protivnike mojega padiše.

TEODOSIJA MRKOJEVIĆ
Pa što valja jednome čovjeku
Ovoliki svijet, što mu treba,
Kad bi mu ga Bog i ljudi dali?

BEGLERBEG
Ti nijesi dobro razumio:
Bog mu dade i svijet i ljude,

Pa da radi s njima što sam hoće.

TEODOSIJA MRKOJEVIĆ
No razmisli, čestiti vezire,
Je l' moguće, je li ikad bilo,
Jedan čovjek da svijetom vlada?
U stotinu da piše kuranah,
To ne može, to ne može biti.

BEGLERBEG
Kaluđere, i ti indžil znadeš:
Sve je Bogu lako uraditi.

TEODOSIJA MRKOJEVIĆ
Znadem i ja nešto u indžilu,
Da ga nikad gledao nijesam;
Bog je meni oči darovao,
Te sa njima vidim što su ljudi:
Sve naliče čovjek na čovjeka,
Al' čovjeka kâ planine nejma.

BEGLERBEG
Nejma čojka koliko planine,
Ali nejma, tako mi musafa!
Kaluđera, kâ tebe bezbožna.

TEODOSIJA MRKOJEVIĆ
Ja nijesam, Bog mi ne sudio!
Beglerbeže, nipošto bezbožan;
Nego imam oči za gledanje,

Svijeća mi Božja pred očima,
Te razbiram bijelu svjetinu
I ne držim crno za bijelo.

BEGLERBEG *(grohotom se nasmije).*
To su Turci, te ti kažeš „crno",
A „bijelo", to su Crnogorci.
A može li đavo sadno pakla
Crnji biti nego Crnogorci?

TEODOSIJA MRKOJEVIĆ
Ja te molim, čestiti vezire,
Da mi kažeš čisto i prijeko,
Porašta su oni tako crni?

BEGLERBEG
Kazaću ti odmah, kaluđere.
Svagdašnji su oni nevjernici
I hajduci, da im para nejma;
S njine zloće i njine nevjere
„Karadag" im nazva zemlju njinu
Pokoritelj Grkah i Stambola,
Sultan silni, kome nejma para.

TEODOSIJA MRKOJEVIĆ
Rad' toga su oni nevjernici,
Jer vjeruju što je njima drago,
A ne ono što je drugom drago;
Na hajduštvo i sva opačila
Turci su im učitelji bili.

Crnogorska ovo je krivica:
Rašta jesu nepokorne ćudi,
Rašta ljube kâ dušu slobodu,
Rašta joj se uvijek klanjaju.

BEGLERBEG
„Rašta joj se uvijek klanjaju"?
Zar nijesu nikad, kaluđere,
Crnogorci pokoreni bili?
Zar nikada nije turska vojska
Crnu Goru pod noge metala?

TEODOSIJA MRKOJEVIĆ
Ne . . . . .

BEGLERBEG *(hitajući).*
Kako nije, bolan, kaluđere?!
A evo si počeo šarati.

TEODOSIJA MRKOJEVIĆ
Ně bî nikad, otkâ ljudi pamte,
Crna Gora sasvim pokorena.

BEGLERBEG
Ama Turci preko nje gaziše.

TEODOSIJA MRKOJEVIĆ
Bivalo je i to dva-tri puta —
Nego evo kako, beglerbeže:
Vrag unesi sablju među njima,

Razluči se krvava plemena,
Među sobom zametni bojeve;
Pa u onu krvavu pomamu
Jedna strana združi se s Turcima,
Te prevali preko Gore Crne,
Hitajući, što se brže može,
Nego i to s potom krvavijem.
Ali nejma sile na svijetu,
Kad je sloga među Crnogorce,
Nejma sile, nit' je dosad bilo,
Da pokori lomnu Goru Crnu
Svukoliku, s mora na Moraču.

BEGLERBEG
Bog jošt sile na svijet ne dade,
Koju sila viša ne satrije,
Pa jošt sila srećnoga Osmana,
Pred kojom se svašta samo tare;
Porašta su jedni Crnogorci,
Kako kažeš, tako nepobjedni?

TEODOSIJA MRKOJEVIĆ
Radi kršna njihova predjela,
Rad' ćeškote njinijeh klanacah,
Radi toga, što su uvjereni
Da ih niko predobit' ne može;
Radi toga, što veselo snose
Sve tegote rata užasnoga;
Radi toga, što su priviknuli
Rat voditi svakim neprestano;

Najviše su s toga nepobjedni,
Jer su sobom rođeni vojnici,
Jer se smrću smiju i rugaju.

BEGLERBEG
Sve su ovo smiješni razlozi,
S kojima se svak podrugat' može.
Zar nijesu Crnogorci ljudi,
Kâ ostali narod po svijetu?
Zar već nejma gorah u svijetu,
No su same gore crnogorske?
E da znadeš, bolan, kaluđere,
Koliko je gorah u svijetu!
Al' pred jačim trese ih groznica.
Zar njih muke saprijet' ne mogu?
Zar njih rane svladati ne mogu?
Krv je jedna, a tijelo jedno,
Mi ćemo se za ćud pobrižiti;
Skoro ću ti kazat', kaluđere,
Mogu li se oni pokoriti;
Naskoro će znati Crnogorci
Đe strah leži, kakva mu je mati!

TEODOSIJA MRKOJEVIĆ
Može biti svašto na svijetu,
Zareći se ni od šta ne treba.
Al' pomisli, čestiti valisu,
Evo ima pet neđeljah danah,
Kâ si s vojskom ovdena panuo:
Dan najprvi đe si boj počeo,

Krok naprijed nijesi šenuo;
No su boji i strašna kreševa
Pet neđeljah sve na jednom mjestu:
Krajem Čeva i kraj Velestova
I srijedom crmničke nahije;
Tvoje sile strašno urišaju,
Crnogorci ne puštaju klance,
Lješinama drumi zarastoše,
A vojnike muke raspadoše.
No te kumim hljebom carevijem,
Tvojom sabljom i tvojijem hatom,
Miči mi se s mojega ognjišta
Bez debele tvoje pogibije!

BEGLERBEG
Ima dosta muke, kaluđere,
Nego slabî mora pokleknuti!
Pred velikom silom Osmanovom
Istok pade, a Zapad se trese;
Od našega silnoga udarca
Kakva ljudska padoše strašila!
Da ih počnem brojit', kaluđere,
Bi ti kosa naviše porasla.
Za tebe su samo male stvari
Što na Crnu Goru nalikuju.
Za Kirid si i za Kibris čuo:
Ovdjena su vile i vještice
I kavurske nikle gatalice;
Ovo bješe kavurska svetinja,
Spram koje se sve sedam kraljevah

I gospoda sedam kraljevinah
Bez prestanka jednako kršćahu.
Al' kad naša silna vojska krenu,
Da osvoji dvije ade vlaške,
Svi se kralji natrag povukoše,
Kako spuži u svojim korama.
Što šćedoše, Turci učiniše.
Rodos bješe na glas ispanuo,
Bješe ćaba vlaškijeh delijah,
Tu se hazne sve sedam kraljevah
Sasipahu sa svakoje strane,
Samo da se održi Turcima.
Jesi l' čuo, stari kaluđere,
Kako smo im Božić čestitali?
Kada stvari ovakve bivaju
Pri pomoći sve sedam kraljevah,
Što će Gora Crna opraviti,
Koju niko ne zna ni pomaže?
Sad vam ni Bog pomoći ne može,
Kad su na vas Turci i Mlečići,
Nako ćete u nebo skakati.

TEODOSIJA MRKOJEVIĆ
Bog je nama svagda pomagao,
Tvrda volja i mišice naše,
Druge nama ne treba pomoći;
Bog nas znade, a mi sebe znamo,
Više nama ne treba poznanstva.

JAVLENIJE DEVETO

Donose sluge kafu.

KARAMAN-PAŠA *(k Lazu Bogdanoviću).*
Veliko je ovo čudo, kneže:
Crnogorci nikud ne izlaze
U svijetu iz ovijeh gorah.

LAZO BOGDANOVIĆ
Sasvim malo, pašo Karamane,
Jer su svojim privikli gorama,
I kako se od njih poudalje,
Čini im se da se izgubiše.

KARAMAN-PAŠA
A znadu li štogod o svijetu?
Ali misle da je cio svijet
Sabio se u njihove gore?

LAZO BOGDANOVIĆ
Što je bolje, pašo, i da znadu?
Znavanje je kome treba dobro,
Zlo veliko onom kom ne treba.

JAVLENIJE DESETO

Beglerbeg doziva jednoga kadiju bosanskoga i kaže mu da pročita tituo sultanov poslanicima. Kadija donosi tituo.

KADIJA *(čita)*.

Ja, sultan Mustafa, emir, brat sunca a rođak mjeseca, služitelj carstvah i oblastih najslavnîh i stranah i gradovah najsrećnîh, koji služe kiblom svijetu i velikim žertvenikom rodu čovječeskome, a imeno: Meke dostopoštene, Medine znamenite, Jerusalima svetoga, u kojemu se zaključaje sveštena ograda mečita Alaksa (hrama Solomunova). Gospodar od tri velike stolice, koje su predmjet zavisti svijeh carah zemnih, a imeno: Stambola, Jedrene i Bruse; gospodar zemnoga raja Sirije, Misira jedinstvenoga i nesravnenoga, sve Arapske, Afrike, Barka, Kairevana, Haleba i Raka arapskoga i persinskoga, Lase, Dileta, Raka, Mosula, Šersola, Dijarbekra, Sulkadriža, Erzeruma, Sivasa, Adne, Karamana, Vana, Mavritanije, Abisinije, Tunisa i oba Tripolja, Cipra, Rodosa, Kandije, Morije, Mora Bijeloga i Mora Crnoga sa njinima ostrvima i bregovima od oblastih Anadolije i Rumelije, Bagdata žilišta blagodenstvija, zemlje Kurdske i Grčke, Turske i Tatarije, Čerkeske i Kabardije, Gruzije i Dešt-Kapčaka, i svih gradovah i pokoljenijah, zavisećih od Tatarije, od sve Bosne, Biograda — doma svete vojne, Srbije sa svim njenim gradovima i kulama, sve Arbanije, Karavlaške i Karabogdanske s njinim putovima i gradovima; ja, imperator nad imperatorima, razdavatelj zemnih prestolah, osjenka Božja nad objema častima svijeta; ja, pravosudni padišah, pobjedonosni šeginšah od beščislenih mjestah i gradovah, sultan sin sultanov, hakan sin hakanov, sultan Mustafa sin hanov, sin sultana Ahmeta hana, sina sultana Muhameda hana; ja, šah, kojega je diploma na vrhovnu vlast potpisata blistatelnim imenom obladatelja od dva dijela svijeta i kojega je halifska patenta ukrašena velikoljepnim titulom obladatelja od dva mora.

BEGLERBEG
Igumane, ču li ovu pjesmu?
Kako ti se sa ušima slaže?
Ti nijesi dosle čisto znao
Šta je čuda padiši u torbu.

TEODOSIJA MRKOJEVIĆ
Nisam znao, niti marim znati;
Dosta mi je znati što je nužno,
A ostavit' takve besposlice.

BEGLERBEG
Danu zbilja, nemoj ništa mrdat',
No nam pričaj kâ ti se dopada
Ovaj titul našega sultana;
Naliči li na onoga cara,
Koji sjedi suncu na istoku
I bruka se svijem kraljevima?

TEODOSIJA MRKOJEVIĆ
Taj tituo, kâ mi se dopada?
Kâ najviša ludost na svijetu!
Kud će viša bruka i pogrda
Za sultana i za podane mu?
U njem čovjek lako viđet' može
Da je slijep car sa svijem carstvom.
Bi li čovjek, koji je pri sebi,
Dao sebe ovako ružiti?!

BEGLERBEG
Ko je slijep, jedan pustinjače?!
Car najjači može l' slijep biti,
Kojemu su oči kâ dva sunca,
A još dalje no dva sunca vide?
Pa u oba da je slijep oka,
Ko bi smio reći da je slijep?
Kakva zlobna da poriču usta
Pravosudne islamske kalife,
Kojijema kuran dopuštava
Svašto činit' što im srce žudi?
Zlo i dobro, sve im jedno biva,
Zlo njihovo Bog za dobro prima,
Bog je njima to dopuštâ samim
Sve za hajter staroga adžije,
Velikoga našega proroka,
Koji zemlju darova Turcima,
A za Turke otvori nebesa.

TEODOSIJA MRKOJEVIĆ
Kako koja, tako svaka gora!
I budale mnoge to vjeruju,
Da je došlo s neba dopuštenje
Sultanima da brat brata kolje,
Otac sina, a sin oca guši,
Te je saraj postâ mučilištem
Samom sebi, svakom koga može;
Te mu provre na sedmero vratah
Krv đetinska i krv mučiteljska.
E to kaže, čestiti valisu,

Što je vaša vjera naopaka.

Beglerbeg skoči kao pomamjen brže-bolje, da ih sva tri posiječe, već su dželati pale povadili; viču Turci kao bijesni na igumana.

JAVLENIJE JEDANAESTO

PAŠA ŠUVAJLIJA *(klečeći na koljena).*
Aman malo, čestiti valisu!
Kamo Božje vjere što davasmo?
Njih ako ćeš izgubit' trojicu,
Udri mene, opraštam ti glavu.
Što će reći vojske obadvije,
Što učini paša Šuvajlija?
Svako će mi na obraz pljunuti!

BEGLERBEG
Što budališ, jedna Bošnjačino,
Da li čuo ušima nijesi?!
Opsova nam vjeru i proroka,
A opsova kuran i sultana
U sredinu ov'like ordije,
A upravo nama u očima!
Što će reći sva naša ordija,
Kad začuje ovo pogrđenje?
Pomrzjet će listom nas glavare,
Ako glavom ne plate kauri.

PAŠA ŠUVAJLIJA
Ne izgubi, pašo seraskjere!

Na što ćemo poganiti ruke?
Na tri starca te su kâ tri ovce?!
Da su mlađi, branio ti ne bih,
Da se drugi nauče zboriti,
Budi ondje đe su jači Turci.

Sa mnogo muke i truda odmoli ih paša Šuvajlija, te ih seraskjer ne posiječe, poprati ih obratno otkuda su i došli, a brnjaš (Šćepanov) ostane svezan kod šatora Šuvajlina, pokazujući se i poslanici i paša da su ga svrgli s uma.

DJEJSTVIJE TREĆE

JAVLENIJE PRVO

(Na Cetinju.)

Po razbiću Turakah patrijarh pećski, vladika Sava, vladika Arsenije i iguman Teodosija poslije službe Božje čine blagodarenije Bogu za pobjedu nad Turcima; izlaze među narodom, koji neprestano sa svake strane vrvi k Cetinju, i blagoslovjaju narod.

VLADIKA SAVA *(k narodu).*
Sva junaštva vaša od Kosova,
S kojima se gore ove diče;
Svekolike borbe nečuvene
Za slobodu i za ime srpsko,
Koje pamti naša Gora Crna;
Sve pohvale, te dosle imaste;
Sve okite vještijeh guslarah
I sve ono što se izreć' može
Za pohvalu pravome viteštvu:
Sve vi ovo danas nadvisiste,
Je l' višega čuda ikad bilo,

Otkad pade svijet na svijetu?
O Gospodi, slava tvojoj sili
I desnici tvojoj svemogućoj,
Te pritjeca na pomoć vjernima,
Kad im padne sila i nadežda!

PATRIJARH *(kao lud od radosti).*
Crkva živi nad vjernim narodom,
Narod živi u Božojzi crkvi;
A crkva je Božja prevelika:
Njenom svodu kraj se nać' ne može,
A pod svodom nigđe stupca nema;
A vjernoga naroda je malo,
Koji ide po ćudi Gospodu:
Nit' je šaka, nit' je puna kapa,
Upravo bi pregrst napunio;
Ali ga je dosta za čudesa
Sa pomoću Boga i slobode!
Aliluja, aliluja!

Pada patrijarh u nesvijest, narod se nad njim kupi; neko ga žali, neko se čudi, što mu se dogodi.

JAVLENIJE DRUGO

TEODOSIJA MRKOJEVIĆ
Puštite ga, starca, nek počine,
Ništa mu se bojati nemojte:
Radost mu je dušu nadjačala,
Bacila ga sanku u naručje.

Divna sanka koji ga pokriva!
A punan je Božje blagodati,
Slatke mečte i snoviđenija.
Više će mu, starini, valjati
Ovaj časak medenog odiha,
No njegovih sedamdeset ljetah.
On je sada na svetu stolicu
U prestonu lavru Nemanjića,
Gleda cvijet srpski za Dušanom,
Đe se vraća s pobjedom k Prizrenu.
Sad se topi u himne viteške,
Kojim Srpstvo negda grmijaše.

VLADIKA SAVA *(smijući se).*
Kod tebe je svašta, igumane.
Hajde smisli da radosti ovoj
Učinimo nekakvo veselje,
No veselje novo, nečuveno.

TEODOSIJA MRKOJEVIĆ
Ja ga činim od juče od podne,
Sve ga činim, nigda ne prestajem:
U crkvi se odrijeh pojući,
Pa iz crkve onaj čas u kolu;
Pjevam, igram kâ da sam najmlađi,
Bacam kapu u vis k nebesima,
Veselim se iz petnijeh žilah,
Već ne mogu bolje nikojako;
A da imam sile i da mogu,
Bih, vladiko, odmah učinio

Da sve ove gore zaigraju
I u hora da ni se okreću.

VLADIKA SAVA
A vidiš li čudo, igumane,
Pošlje ove sreće nečuvene
Crnogorci kâ su ravnodušni?
Na njima se malo što poznaje,
No spokojno puše i govore,
Kâ da posla nijesu velika
Ni očima nigđe vidijeli,
A to li ga rukama svršili.

TEODOSIJA MRKOJEVIĆ
Da l' običaj nije među njima,
Da se niko hvaliti ne smije?
Ko se hvali, taj sam sebe kvari,
Hvališe su kod njih popljuvani.
Običaj je svagda crnogorski
Nit' se hvalit', ni klonuti duhom,
U mukama najvećim pjevati,
Smrtne rane prenosit' bez suze.

JAVLENIJE TREĆE

Dohode: arhiđakon Petar (sveti Petar), vojvoda Drago Vukotić, vojvoda Vuksan Milić, serdar Jovo Petrović, proto Žutković, Pero Vukotin Martinović, serdar Jovo Đurašković i za njima mnogo Crnogoracah i mnoge Crnogorke (ćeraju ranjene na konje, tuže za pogipšima, i od radosti pjevaju, gotovo svaki na konja jaše. Patrijarh se osvijesti). Oni razjahaše konje, te pristupaju patrijarhu i vladici. Arhiđakon Petar dava tri hata i šator seraskjerov vladici Savi na dar od Crnogoracah a jednoga hata patrijarhu.

TEODOSIJA MRKOJEVIĆ
A, zaboga, pričajte mi, braćo,
Je li kogod od vas pretekao
Od srećnega dana suđenoga,
Od poloma sile pesijanske?
Jer ne mogu živjet' od nečesa,
Dokle znadem što je i kako je.

VOJVODA DRAGO
Ko bi ovde došâ, igumane,
Da nas dosta i preteklo nije?
Niti smo se jedanak rodili,
Niti ćemo jedanak umrijet',
No se redom rađa i umire.
Kažu nejma smrti bez suđenja,
Ma je lako i suđenju doći,
Đe se smute onakve gomile.

TEODOSIJA MRKOJEVIĆ
Ne zameći, zbiljski vojevodo,
Jer iz kože živi poskakasmo,
No nam kaži za svu pogibiju:
Kolika su mrtva i ranjena
Od malene vojske crnogorske?

VOJVODA DRAGO
Nije stvarih bilo, igumane,
Pogibe nam dvjesta-trista drugah,
Pet stotina ima ranjenijeh.
To je ništa, kakva muka bješe!
Jednom mišljah, kunem ti se glavom,
Da piličnik od nas ne ostade,
Kakva sila bješe u Turčina,
Nas ne bješe no tridest stotinah!
Mišljah čisto, babove mi duše!
Da se Turci goveđu prometnu,
Da ih s mjesta ne bismo šenuli.
Ko će kâ Bog, da mu je za slavu?!
Tek na Turke zorom udarismo,
Bog im zeca u srce ućera.
I što ću ti pričat, igumane:
Nikad Srbi otkad sebe pamte,
Jošt toliko mesa od Turčina
Ne vidješe na jednu poljanu.

TEODOSIJA MRKOJEVIĆ
Možete li znati, vojevoda,
Koliko je pogiblo Turakah
Sadno Čeva do navrh Jednošah.

VOJVODA DRAGO
Broje ljudi, u svu Crnu Goru
Da imade po oke pameti,
A u tebe toliko samoga;
I da ti je imati ovacah,

Koliko je pogiblo Turakah
Sadno Čeva do navrh Jednošah:
Niti bi ih mogâ prebrojiti,
Niti bi im mogâ broja znati.

JAVLENIJE ČETVRTO

Dohode glavari crnički i oni koji su bili na granicu protivu Mlečića, a pričaju kako je grom udario u obje vojske, tursku i mletačku, koje nije mnogo bilo, i kako su Crničani posjekli Turke.

VLADIKA SAVA
Bože dragi, sreće nečujene!
Ko bi u snu mogâ pomisliti
Da će ova doživjet' čudesa?!
Sada oči najprostije vide
Da je ovo krvavo gnijezdo
Bogu drago i Bogom branimo,
Kad za njega gromovima tuče.
Ta ovo je narod jedinstveni!

VOJVODA DRAGO
To se znade, naš vladiko sveti:
Iz nesreće sreća se izleže,
Kukanje je mati pjesne divne,
Iz oblakah dima stravičnoga
Sreća udri na junačka krila.
Ko vječito hoće da živuje,
Mučenik je ovoga svijeta.

Kaži što bi zbilja Crnogorci,
Stiješnjeni vragom i đavolom,
Da krvljenjem i strašnim žertvama
Ne živuju i ne broje dane?
Trgovine nikakve ne vode,
Nit' je znadu, niti je imadu;
Njina plodna polja i prodoli
Na potrk su pesijanskoj sili,
Šteti njina žita i sijena;
Zanatlije nikakvi nijesu.
Razmisli se, može li ikako
Crnogorac drugojači biti
I ostati pravim Crnogorcem?
Da gorimo svijećom, zaludu!
Ispravit' se nikad ne možemo
Vragu prave vjere i slobode;
No udrimo, dok je od nas traga,
Dušmanina slobode junačke!
Ko pogine, poginuće slavno,
Ko ostane, ostati će slavno;
A Bogu je žertva najmilija
Potok krvi kad provre tiranske.

JAVLENIJE PETO

Dohodi Šćepan iz Građanah (pleme), iz kuće Kneževića, u koju se bio sakrio, kako su Turci do na Čevo prodrli; primaju ga, ali s manjim ushićenjem.

ŠĆEPAN *(klanjajući se na sve strane, narodu).*
Pomozi Bog, junački narode,
Pomože ti danas mimo ikad!
Ja sam krivac pred Bogom i tobom,
Jer podigoh kulu do oblakah,
Na nju strašne navukoh gromove;
Ja sam krivac, o narode vjerni,
Jer u tvoje ne stadoh redove,
Da pod svojom padnem veličinom,
Al' sa slavom da na njoj ostanem.
No potonja pamet ne pomaže!
S đetinstva sam u dvoru podnjivljen,
Razblažena i mlakava duša
Strepi grdno od rata krvava.
Što ću kriti: kada vidjeh Turke,
I njihovu silu kolika je,
Tad pomislih čisto u pameti
Da im u vas ni predručak nije,
Te se sakrih u tvrde Građane,
Ne bi l' kako ja jedan pretekâ,
Vašu slavu da kažem svijetu,
Da se ona s vama ne pogrebe. —
Kriv sam, znadem, al' se opet gordim,
Što sam uzrok ja ove pobjede,
Što sam uzrok današnjega pira,
Što povodom mojijem srećnijem
Almaz se je najljepši pridao
U vijencu sokolova gn'jezda;
Ovim ću se uvijek gorditi.
Spram ovoga sve moje pogrješke

Malene su, vidjet' se ne mogu.

TEODOSIJA MRKOJEVIĆ *(krsteći se)*.
Kri' se od nas, prokleti demone!
Bog ti majku ubio opaku!
Čujete li, ako Boga znate!
Bezočnoga ovoga obraza,
U što ti je oči ukovao?!
Ne znade se pokriti sramotom,
Opeta se za cara nameće;
Đavo svoju pjesmu ne ostavlja.
Čujete li, kâ je razgranao?!
Okoliši tamo i ovamo,
Dok najpošlje sve u svoju torbu.
Ja se stidim njegove sramote
I grdnijeh lažah i pletenja,
A on za to glave ne obraća;
Nego su mu kâ da hora došla,
Da iznova o pogrdi radi.
Čuj, Šćepane, što ti hoću reći:
Ti jošt misliš da te ne poznamo —
Cijeli te narod već poznaje,
Dosta si nas držâ za budale;
No vrat lomi kud te oči vode,
Da podrugu sa nama ne zbijaš!
Nosi sobom to ime veliko,
Nama ono ništa ne trebuje,
Nejmamo ga kuda kamo đesti.
Kolač velji u malenu torbu
Stat' ne može, dok ne prsne torba.

Muke s muke i zovu se muke.
Zlo budala najgora uradi,
Stotine se glavah pametnijeh
Znojem peru, dok dobro urade.
Ti se sakri, kako nazre muku,
No narodu ne bješe skrivanja,
No da muci vrha glave dođe,
Al' da mu se ugasi svijeća;
No hajd' s vragom otkud si došao,
Dok nijesi što tražiš našao!

Plače Šćepan kako malo dijete, pada na koljena i moli narod da ga ubiju, govoreći: „Voli sâm od vaše ruke umrijeti, nego se s ovim imenom po svijetu skitati". Ispravlja ga i tješi ga pop Andrija Đurašković i brani od Teodosija Mrkojevića.

POP ANDRIJA
Nemoj tako, oče igumane!
Sramota je i teška grehota
Na ovakvo narodnje veselje
Ucvijelit' najgoru sirotu,
A kamoli jednoga čovjeka
Te je našim bio poglavarom.
Činio je sve što je mogao,
A što nije mogao činiti,
Za to ne kriv Bogu ni narodu.
Al' se caru ne valja strašiti?
Pod krunama ima strašljivicah,
U prnjama ima vitezovah.
On sad druge ne ima krivice,

Nako što je srca plašljivoga,
A to nije njegova krivica,
Nego ga je Bog takvoga dao.
Pa pomisli, oče igumane,
Kako god je dosad poslovao,
U svašto je za nas srećan bio:
Sud postavi u zemlju besudnu,
Njegov posâ i ovo uradi,
Te ovaku slavu zadobismo. —
Čuj, narode, što ću sada reći:
Dosada sam čisto dvoumio,
A sad viđu objema očima
Da je glavom care, kako kaže.
Bi li ikad Otmanović silni
Onoliku silu otpravio
Na česovu lažu i skitača,
Da car ruski nije među nama,
Da je nije na njega spremio?
Svjedoči li čisto Otmanović
Koga danas među se imamo?
Držimo ga, ne nagrdimo se!
A čega se bojati imamo?
Neka čete sve naimi svoje
Car Satana u cara Mustafe,
Kad se ovoj sili oprijesmo,
Bojati se nejmamo nikoga.
A gdje Turci omaste poljanu
I ostave onoliko mesa,
Zasada se neće povratiti
Na krvava ona razbojišta.

No držite, a imate koga,
Nek vi slava ide po svijetu
I da vi se do poslijed priča.

NAROD *(iz glasa)*.
Držaćemo — a car je, vidimo.
Nek stostruke padnu na nas muke,
Puštati ga ni izdat' nećemo.
Dok sve naše sile izlomimo.

JAVLENIJE ŠESTO

Izlaze glavari na stranu i vode Šćepana među sobom.

ŠĆEPAN *(glavarima)*.
Mrković je jedan čovjek vrli:
Narod mu je duša i tijelo,
Gotov se je svagda žertvovati
Za narodnu polzu i napredak.
Što me goni, čudit' mu se nije:
Ono nije zloba ničesova,
No uklanja narod od oluje.
Uvažavam iskrenost njegovu,
I zbog iste ja mu sve opraštam.
U mene je srce milostivo,
I želim se s njime pomiriti.
Rad nijesam, Bog mi ne sudio!
Da na mene štogod starac sumja,
Zlobe sjeme da u srcu nosim.

Glavari skoče na noge, skinu kape i svi mu zahvale na njegovom carskom velikodušiju, i odu tri-četiri po Mrkojevića, te ga dovedu Šćepanu i pročima.

TEODOSIJA MRKOJEVIĆ
Što hoćete, zemaljski glavari,
Što se starcem jednijem brukate?
Dajbudi vi ja ne trebam ništa.

VOJVODA NIKO
Nikad nam se bolji ne rodio.
Trebâ si nam i trebaćeš, dok si,
Zvali smo te svi iz dogovora,
Kao oca da te svi molimo,
Da se smiriš, igumne, s Šćepanom;
Vaša raspra nama mila nije.

TEODOSIJA MRKOJEVIĆ
Umiren sam sa svakim, duše mi!
Zar se Šćepan prepao od mene,
Da mu carsku krunu ne ugrabim?
Ko šubaru nositi ne može,
Njemu kruna ništa ne trebuje.

VOJVODA NIKO
Nije, oče, ni Šćepan takovi,
Da o tebi štogod hudo misli,
No se s tobom želi pomiriti.
On je čovjek srca milostiva,
Veljedušan, roda velikoga,

On neslogu mrzi kâ đavola,
On se manji i od mrava čini,
Ne da niko da ga carom zove,
Sam je svoje ime unizio
I nazvâ se Šćepanom Malijem,
Za svijet ga niko već inače
Zvat' ne smije do Šćepane Mali.
Kud će duše na sv'jet poštenije?!
Nego, oče, svi ti se molimo:
Poljubi se i pomiri s njime,
On to želi, a mi svi želimo.

TEODOSIJA MRKOJEVIĆ *(smijući se)*.
Svak pred Bogom samrtno griješi,
Ko bi ikad htio i smislio
Vas ispravit' s vaše naklonosti,
Kada vam je sreća al' nesreća
Sa razlogom nekakvim obruči;
Teže vas je sa njom razdvojiti,
No ustavit' mutnu potočinu,
Koja sebe lomi provalama.
Što ću jezik badava tupiti,
Mir bez rati stvar je od podruge.
Mene Šćepan divno razumije,
A ja njega jošt bolje poznavam,
Vi ne date sedlat' ni uzdati,
Pravda vi je što je vama drago.
Ko je ikad na svijet dočeka,
A od đece jedne raspuštene,
Štogod drugo, do vječite muke?

Teško tome, ko o vama briži!
Kamo Šćepan, da se poljubimo,
Pa ga eto, i čestit vi bio!

Diže se Šćepan, te se poljubi s Mrkojevićem, velika graja i veselje; poče narod kolo voditi, jedno kolo vodi jedan mladi kaluđer, a drugo Simo Cetinjanin, trgovac kotorski.

PRVO KOLO
Što se ona čuje huka?
Što l' grmljave prolamaju?
Ondena je strašna muka,
Planine se potresaju.

DRUGO KOLO
More se je zajosalo,
Upire se s bregovima;
A nebo je pomrčalo,
Te se hori s gromovima.

PRVO KOLO
Tiranstva se vihorovi
O brežuljku slobodnome
I sinovi Ahmetovi
Nemilosno ludi lome.

DRUGO KOLO
Kakva ljudska sila može
Doći glave tom narodu,
Koga štitiš štitom, Bože,

Dajući mu ti slobodu?

PRVO KOLO
Krv prestade crna teći
Od kreševa stravičnoga,
Kad preleće danak treći
Iznad Laza Carevoga.

DRUGO KOLO
Mrtva trupja kroz gomile
Sve brat brata željno traži,
Đe su mu ga đele vile,
Al' požnjio paloš vraži.

PRVO KOLO
Brat rođena brata trudno
Mogâ naći i poznati,
Koje čudo bješe čudno
Tu lješina naslagati!

DRUGO KOLO
Borci u krv svi ležahu
Koji slavno tu padoše,
Različit' se ne mogahu,
Nit' se mnogi poznadoše.

PRVO KOLO
Al' poznade Mićunović
    pobratima svog serdara
U gomile mrtva trupja,

  đe mu Janko krvav spava,
Za njim ljuto jadikuje
  i viteško lice para:
„Kuku Janko, gorski zmaju,
  s tobom pada naša slava!"

DRUGO KOLO
Dva ti lava pretrčaju
  razbojište sustopice:
Bukovički kapetane
  s pobratimom popom žutim,
Zabrekle im desne ruke
  mačevima u ručice
Sjekuć' Turke za tri dana,
  odolje im mišcam krutim.

PRVO KOLO
A pod sjenkom od barjakah
  na megdanu uzetijeh
Sjedi Danil, vožd junački,
  su šezdeset poglavicah,
Na srijedi razbojišta
  zmaj Mandušić kolo vije
Sa momčađu, izmašćenom
  mrskom krvlju turskih zlicah.

DRUGO KOLO
Tu lazinom nepreglednom
  na sve strane Turčin pade,
Kâ dubrava pred sjekirom,

kad se nastre i povali;
Laz carev je tom spomenik,
tako nazvat da se znade
Tom pobjedom nad Turcima
da se Srbin vječno hvali.

JAVLENIJE SEDMO

Dohodi jedan trgovac iz Budve i donosi krijući pismo Šćepanu od arhimandrita barskoga, Debelje; Šćepan, pošto mu ga krijući pročitaju, dava isto patrijarhu, da ga na glas pročita. U istom ga pismu imenuje arhimandrit Debelja imperatorom Stjepanom.

PATRIJARH
(čita pismo, a Šćepan gordo k nebu gleda).
Ja, poklonik pravde i slobode,
Zbiljski care, i tebe se klanjam,
A vladici i svetom patriki
Blagoslova ištem da mi pošlju,
Pa pozdravljam sve redom glavare,
Sve lavove i gorske vukove.
Care srećnji, srpskome narodu
Sad si ono, što ti ja želijah.
O, da znadeš što o tebi zbore,
Sve bi pojâ i u vis skakao!
Plaše te se kako groma Turci.
O, da znadeš, što se s njima zbilo!
Prosta njina grdna pogibija,
Što su od vas tamo izginuli,

Pri grdilu i njinom iskopu,
Što učini jedan od drugoga,
I od raje što su dočekali!
Kako su ti nagnuli bježati,
U široku Zetu uvalili,
Svu su ravnu Zetu poharali,
Poharali varoš Podgoricu;
U bježanju grdno izginuli:
Na snosove potuče ih raja,
Isklala se među sobom vojska,
Isklala se i popljačkala se.
Ama što je vojska rumelinska:
Ona ti je listom izginula!
Onaj kami što je protekao
Sve je golo kâ prst ostanulo,
Arnauti sve joj poskidali.
Serašćer je u subotu veče
Dobježao Skadru na Bojani
Bez turbana i bez svoje kape,
Maramom se bio ubradio.
Da sve kažem što se dogodilo,
Šćela bi se kako struka karta.
Srećni care, da si nama zdravo!
Sad možete mirno počinuti.
Natežite žice na guslama.
Jošt ne znate što ste uradili,
Dok čujete od vješta guslara.
Već je dosta, da vam ne dosadim,
Al' vas molim ime mi čuvajte,
Kri'te mi ga, kao zmija noge.

ŠĆEPAN *(smijući se)*.
Ovaj ljubi narod i poštenje;
Cio svijet kâ u prste znade;
Razuman je i čisto prozire
Što je čije, i što kome ide.
Istina je, i ugađa svaku:
Jošt ne znamo što smo učinili,
Dok čujemo od vješta guslara.
Ja ga ljubim dušom i tijelom,
Volî bih ga sada zagrliti,
Nego oca, da mi se podigne;
Volî bih ga kod sebe imati,
Da mi bude savjetna potpora,
Nego krunu, najskuplju na sv'jetu,
Azijatskog velikog mongola.

PATRIJARH
Božja volja i Božija sila
Ovo malo sačuva naroda,
Sačuva ga i proslavi divno,
Njegova je volja svemoguća;
On ukoči silnu osovinu,
Na kojoj se divna svesvetija
Okretaju kao vihorovi,
I on sveza zrake sa zrakama,
Kâ što sveza duše sa dušama;
Pred njime je cio svijet ništa,
Pred njime je išta stvar velika.
Koliko mu truda svijet stade,

Onoliko jedan trunak mali,
Što se igra s vjetrom od oblaka.
Sve je pred njim mrtvo, ne kreće se,
A sve opet živi dovijeka.
Duša leti gore iznad sunca,
a prašina leti ispod sunca.

Opet kolo počinje pjevati.

PRVO KOLO
Na Sitnici, vodi bistroj,
    krila nam se polomiše,
Poglavare naše listom
    tu Ćuprelić sve ulovi,
Na tvrdu ih vjeru Turci
    nemilosno pogubiše,
Tu pokleknu hrabrost gorska
    i slobode svi sinovi.

DRUGO KOLO
Turčin pljuskom na nas udri,
    s'ječe, vješa, robi, pali,
Prirodna ga zloća vodi,
    a osveta goni stara,
Varvarskoga svoga srca
    na nas zlobu da iskali,
I slobode dično ime
    gadnom nogom da zamara.

PRVO KOLO
Piska stoji do nebesah,
    puška grmi, krv se lije,
Vražja sila mah uzela,
    ništa joj se ne opire;
Hvata robje na stotine,
    na sve strane užas sije,
Oblaci se mračnog dima
    nad slobodnom gorom šire.

DRUGO KOLO
Mrvaljević, vitez stari,
    na mukama život dade,
Na vatri ga su sto robah
    kleti Turci izgoreše,
Mandušić im smrtno ranjen
    u rukama soko pade,
Na kocu ga ranjenoga
    tada Turci zli popeše.

PRVO KOLO
Junaci se tad gledaju,
    kada na vrat muke dođu;
Najslavnije tad umrije
    naš Milija vojevoda:
U crkvi se zatvoriti,
    zovne braću, da s njim pođu.
„Grob je krasan", kaže, „crkva,
    spomenik će bit' sloboda".

DRUGO KOLO
Braniše se sedam danah
    devet bratah bez prestana,
Sedamdeset i dva više
    barjaktara što ubiše
Oko crkve na sve strane,
    dok ih izda džebeana;
Turci oltar provališe,
    s oltara ih sve pobiše.

Mnozina plaču od žalosti.

JAVLENIJE OSMO

ŠĆEPAN *(otirući suze).*
Baš ovoga čuda nije bilo
Od postanja ljudih i svijeta,
Što je ovdje u ovim gorama.
Svud stradaju ljudi i narodi,
No pružaju jedan drugom ruku:
Čovjek čojku, a narod narodu;
Ako ni s čim drugijem ne može,
A ono mu pomaže plakati,
Te se tijem muke olakšaju.
S vama biva sasvijem inače:
Kad plačete, svak vi se veseli;
Kad pojete, svak oko vas plače.
O prokleto krivo vjerovanje,
Grdno li si braću zavadilo,
Grdno li si braću pomrazilo!

Što je ovo do vražje suđenje?!
Ko bi mogâ prinudit, Slavjane
Do šljepoće i vražjeg suđenja,
Da uprte na svojim plećima
Azijatsko krivo vjerovanje,
Koje Boga istinoga huli,
A goji se sa nevinom krvju?!

TEODOSIJA MRKOJEVIĆ *(Šćepanu)*.
U tebe su međer mnoga dobra,
Al' nijesam dosada znavao,
Da si takvi bogoslov duboki.
Rijetki su cari bogoslovi,
A u tebe eto i to dobro.
Nego mjeri što ćeš govoriti!
Najljepše je o tom ne zboriti,
Ni nanosit' nosa nad oltarom.

ŠĆEPAN
Sačuvaj me Bože, igumane,
Da bih smio protiv prave vjere
Ja zločesto išta pomisliti,
A kamoli usta rasklopiti!
I ja nešto vidim sa očima,
Budi ono što je svakom javno:
Božju svjetlos te zemlji svijetli
I igranje po nebu zvijezdah,
A i mjesec rđav svjedok nije,
I ako se s plačem prošetuje;
No mi pukne srce od žalosti,

Kad pogledam opaku sudbinu,
Koja pade na našem narodu.

TEODOSIJA MRKOJEVIĆ
Ko će svijet ispravit' leđima?
Ko l' cijele opametit' ljude?
Budale su ljudi od starine,
Budale će ostat' do vijeka.

ŠĆEPAN
Nešto drugo ja hoćah kazati,
Pa se nešto zanesoh na stranu:
Mlečići su, znadem, Crnogorce
Sve mrzjeli, mrzeći ljubili,
Al' nijesu mrzost na vidjelo
Nikad priđe do sad iznijeli.
Ja se čudim, što će ovo reći,
I kâ im je njihova hitrina
Dopuštila tu bezobraštinu.

TEODOSIJA MRKOJEVIĆ
Ti se čudiš, što će ovo reći,
Ali ja se ni malo ne čudim,
Jerbo znadem što je prije bilo.
Ovo njima nijesu prvine:
Kad pregazi Ćuprelić-vezire,
Kad pregazi s vojskom Goru Crnu,
I navali k moru debelome,
Pade s vojskom na polje Solilo,
Naše mnogo tad bješe čeljadi,

Da se spase, u Boki uteklo,
A sve žene djecu unijele,
Koja boja biti ne mogahu,
Nit' se kriti po tvrdim gorama;
Sramotno ih Mlečići tisuću
Pohvataše, Turcima predaše.
Ženske robjem Turci povedoše,
Povješaše krupnije muškiće,
Mušku djecu, te u povoj bjehu,
U vis Turci pobacaše listom,
Dočekaj ih na vrh od noževah,
Onako ih nose nabodene
Pred krvnički šator Ćuprelića,
Da ugode nečovječnoj ćudi
Tiranina bogootpadnika.

Kolo poje.

PRVO KOLO
Klanjaju se mnadu suncu
        dv'je tisuće vitezovah,
Celivaju mater zemlju,
        da im pokoj tihi dade.
Hoće bratsku krv da svete
        i razuru njih domovah,
Ali listom izginuti,
        o drugome sad ne rade.

DRUGO KOLO
Molitvu im sunce primi,

zemlja slavan grob obeća,
Tridest tisuć' turske vojske
    kako munja poraziše,
Sve isti dan dovršiše —
    je l' junačka ovo sreća? —
Utriješe vojsku tursku,
    glavare joj zarobiše.

PRVO KOLO
Serdar Đikan i knez Mojaš
    u Čevo se s vojskom vrate,
Vode sobom do dva paše
    i Turakah glavnih trista
Zarobljenih na Trnjine,
    da im pokor Turci plate
Ćuprelićem učinjeni.
    Osveta je ovo čista.

DRUGO KOLO
Bosanska se dvaput sila
    na Trnjine slomi selo,
Turske kosti na gomile
    iznad sela i sad leže;
Bjesnilo je divlje Turke
    na sve naše kraje velo,
Bjesnilo ih beščovječno
    na zločinstvo njino steže.

JAVLENIJE DEVETO

Trče arhiđakon Petar Sivalja beglerbegova. Sav ga narod gleda kako hitro i vješto konja jaše; serdar Jovo Đurašković metne mu svoj čibuk na livadu, on zaleti hata i u najvatrenijem trku sagne se i ugrabi čibuk sa zemlje. Tada ga sav narod pozdravi pucnjavom pušakah.

ŠĆEPAN *(glavarima).*
Imâ sam ja u mojoj gvardiji
Konjanikah tolike tisuće
Od svakoga kraja i naroda;
Tatare sam gledâ i Arape,
Kirgize sam gledâ i Čerkeze:
Jošt mojima očima ne viđeh
Nigda munje ovakve na konju,
Kao momče ovo što sad viđeh.

PROTO AVRAMOVIĆ
Nije samo on od toga posla,
Nego ga je Bog za svašto dao;
U našoj se zemlji nigda nije
Ovakvoga momčeta dizalo,
Ni divotom, ni svakom hitrinom;
Uprav' su mu sedamnajest ljetah,
Više znade no nas polovina;
Pametnije misli i riječi
Nit' sam čuo, niti ću je čuti;
— Nego neće ovo naše biti!
A ako mu Bog sačuva glavu,

On je sreća ovoga naroda,
On je rođen da dovijek živi,
On će drugim biti Skenderbegom.

Dolazi arhiđakon Petar, Šćepan ga grli i hoće da mu daruje svoj džeferdar. Petar se smije i ne hoće dara primiti.

PRVO KOLO
Što Pipere magla krije?
Što l' topovi turski grome?
Što s' oko njih plamen vije?
Što l' puščane jeke lome?

DRUGO KOLO
Topal-paša kurban čini,
Sokolove da zaduši,
Lava robom da učini,
Da porastu Musi uši.

PRVO KOLO
Dim na tursku vojsku ide,
Turska vojska grdno bježi,
Stražnji prve već ne vide,
Tisuća ih mrtvi leži.

DRUGO KOLO
Topal-paša robom osta,
Piperi ga uhvatiše;
Tu padiši bruke dosta,
A Topalu i jošt više.

JAVLENIJE DESETO

Dohodi jedan monah odnekuda. Šćepan se diže, srete ga i odvede na stranu; za dugo se s njim zabavi, povrati se na obično mjesto, sjedne i pozove monaha k sebi među narodom. Monah pristupi patrijarhu i vladici ruci i stane dupke pred Šćepanom, narod navrvi gomilom okolo njih.

> ŠĆEPAN
> Duhovniče, slušaj što ti kažem:
> Bogu sam se jako zarekao,
> Da na srcu ne držim tajine,
> Koju neću na glas objaviti
> Pred ovijem vjernijem narodom;
> Nego pričaj pravo i otkrito
> Na cio glas pred svijem narodom
> Porašta si ti k meni došao.

Monah drhteći i obzirući se okolo sebe, vadi iz štapa šiš, okolo kojega zamotano jedno povelje pismo, odvije pismo i daje ga Šćepanu. Šćepan otvara pismo, gleda ga, kao da ga čita, i od radosti plače; narod zabješen šapti među sobom, čudeći se što je.

> ŠĆEPAN *(otirući suze).*
> Duhovniče, sve na usta pričaj,
> Što si došâ i rašta si došâ.
> Ne može se nikad ispisati
> Kâ iz ustah u usta predati;
> Čišće jezik nego pismo kaže,
> U pisanju štede se riječi.

MONAH
Vidi divno, tvoje veličestvo,
Što ti pismo kaže i govori.
Dali su mi žestoku naredbu,
Na riječi da ti sve povtorim:
Željkuje te vidjeti Rusija,
Željkuje te kâ ozebâ sunce,
Cio narod prečeznu za tobom;
Mnoge su se bune podizale
I mnoga je krvca prolivena,
Tražeći te narod od velmožah,
Da te pušte i narodu dadu.
Bog to znade što još biti šćaše,
Da im laža u puk ne pomoga,
Te rekoše, ere si umro;
Sve razloge i čiste svjedodžbe
Iznesoše puku pred očima,
Najposlije i grob ti nađoše,
U komu si i đe si sahranjen,
Tijem puku oči zamazaše.
Al' se opet zucati počelo
Da si zdravo i đe se nalaziš,
S toga su me k tebi otpravili
Tvoje vjerne, koje imaš, sluge,
Da te vidim, da ti se poklonim,
Da ih čisto o tebi izvjestim,
Jesi li im zdravo i veselo,
Kako ti je među Crnogorce,
Čestvuju li i slušaju tebe,

I to su mi rekli, da ti kažem:
Kako zgodu vide i priliku,
Za tebe će poslat' poslanike,
Da se vraćaš na tvome prestolu.

Šćepan plače.

ŠĆEPAN *(otirući suze).*
O nepravdo, đavolji porode!
Je li ovo ikad iko čuo
Otkako je gavran pocrnio,
Da nad praznim grobom očitaju
Opijelo živome čovjeku?
Al' kad čisto pred pukom ispane
Laž na lažu, pravda na istinu,
Teško ti ga onda onijema,
Što mi silom prestol ugrabiše
I toliku lažu posijaše!
Tada će mi trista puta ljepše
Zasjat' slava, no mi sjaje kruna.

MONAH
Dopušti mi, tvoje veličestvo,
Da odlazim otkud sam došao;
Ne može se ni trenuć trajati,
Jer zavisi od moga trajanja
Krasna sreća carstva cijeloga —
Pa kakvoga carstva velikoga! —
Koje hoće da dugo živuje,
Kojemu su dani tako dugi:

Jedan njegov — običnih stotina.

Monah se klanja prosto i odlazi; ustaje Šćepan, te ga prati, dugo se s njim razgovara i povraća se među narodom veoma veseo i zadovoljan. Narod se čudi i veseli, svak gleda Šćepana s ljubopitstvom, kao da ga jošt nikad nijesu vidjeli; svak muči, niko ništa.

    ŠĆEPAN *(narodu).*
    Pjevajte mi, braćo Crnogorci!
    Što vi pjesna kolom ne okreće?
    Ko će ljepšu slavu doživjeti?
    Na svijetu što bismo tražili,
    Do ovoga što ni Bog darova?
    Ja već nikad u mome životu
    Dana slađeg doživjeti neću,
    Neg' čestiti danak kad mi dođe,
    Koji će mi s pravdom darovati
    Prestol djedov i djedovu krunu.
    Ni taj danak meni neće biti
    Tako sladak kâ što je današnji.
    No pjevajte i veselite se!

Narod veselo i s grajom potrči i poče kolo voditi.

    PRVO KOLO
    Hodaverdi, divlji paša,
    Strašnom vojskom Kuče hara,
    I Likova kulu Raša
    Hoće Turčin da obara.

DRUGO KOLO
Bježe Kuči uz planinu,
Digla ih je turska sila,
Od Kosora munja sinu,
A izvija grlom vila.

PRVO KOLO
Dođe vitez od Kosora,
Jovov Đuro sa družinom,
Te uzavre bojem gora
Bratonoškom tada silom.

DRUGO KOLO
Lete Turci niz orluje,
Goga Rašov zaždi kulu;
Bježi paša, jadikuje,
Ucvijeli mnogu bulu.

PRVO KOLO
Turske vojske poglavari
U toj kuli izgorješe:
Ovakvi su za njih dari,
Neka Turci manje gr'ješe!

DRUGO KOLO
Bježi paša bez obzira,
I bez pola vojske svoje
Neće rati, neće mira,
Zlo mu nešto uho poje.

JAVLENIJE JEDANAESTO

Dolazi Petro Džaja iz Novoga i donosi na dar Šćepanu dvije kanarine u dvije krljetke i jednoga papagala; postaviše papagala na njegovo sjedalo, počne ga Šćepan zvati.

ŠĆEPAN
Papagale... papagale...

PAPAGAO *(klanjajući se).*
Car... car... car... car...

Narod se smije i krsti od čuda. Različita i znamenita se tolkovanija prosuše zbog papagala o Šćepanu među narodom.

TEODOSIJA MRKOJEVIĆ
(u sebi, zacenut od smijeha).
Vrag bi ovdje pukâ od smijeha,
S groba bi se čovjek nasmijao:
Baš je ovo — ne znam što ću reći...
Na svijetu još ove smješine
Nit' je bilo, ni će, ja mnim, biti.
Da kažujem po tisuću putah,
Niko ovo ne bi vjerovao.
Ovo nikad pristojati neće,
Što se radi s ovijem čovjekom,
Za pričanje, ni za vjerovanje.
Sve mu svira po njegovoj ćudi,
Želi laži ovoj ugoditi:
Patrijarh mu bješe otpravio

Sredovječnu, gotovo neuku,
Haturinu onu nevaljanu —
I gdje će ga za petnaest danah
Naučiti, kad mu se primakne,
Da mu klekne na prva koljena,
Da mu ga je lakše pojahati!
Opet laže sa svakoje strane,
Sakovane po njegovoj ćudi,
Po ćudi mu i papagâ dreči.
Ta ovo je ništa, ko ga znade,
Ma veliko čudo, ko ne znade!
Da što počnem zborit' u narodu,
Nagaziću na velju zlu sreću.
To rijetko biva u svijetu,
Da istina pred nečistom lažom
Smije svoje uši pomoliti;
Najljepše je: drž' jezik za zube!
Za laže mi nije mnogo stalo
(Ko se sebe ne stidi lagati,
Taj za svijet ne obrće glave.)
Nego mi je stalo za drugijem;
Ali opet u drhtećoj ruci
Kantar pravo mjeriti ne smije.

Kolo pjeva.

PRVO KOLO
Silna ti se Bosna sleže
    na granice listom naše,
Pred njom Ćehaj-paša mladi

   i bosanski kapetani,
Na Ublima sila pade,
   tridest tisuć' nje imaše:
Janičari i spahije
   i vojnici sve birani.

DRUGO KOLO
Naša vojska nejakašna
   slomit' Turke ne mogaše,
Strašna misâ Obilića
   tri vojvode opi tada:
Su četrdest drugah pođu
   poklonit' se volji paše,
Sa vatrom mu poklon čine
   i ubiju pašu mlada.

PRVO KOLO
Mrtav paša samosedmi
   od viteške ruke pade,
Naše braće dvadest i šest
   pogiboše kod šatora;
Tomanović s četrnaest
   iz okola zdrav ispade,
Danas spomen pogipšima
   vidiš mramor do mramora.

DRUGO KOLO
Dva serdara tada udre
   na smućenu tursku silu,
Razgone je i is'jeku,

polovina ne uteče;
Slobodi je pir veliki,
    kad joj sinci krune vilu,
Kao što su pod turskijem
    šatorima istu veče.

JAVLENIJE DVANAESTO

Dolazi graf Bujović, serdar bokokotorski, rodom iz Perasta, i donosi Šćepanu pismo od providura iz Kotora, u komu ga moli providur da se ne imenuje Šćepan imperatorom ni carem, jer rečena imena ne zveče lijepo u ovim krajevima.

ŠĆEPAN *(ponosito gledeći).*
Danu pričaj, gospodin-serdare,
Što to traže od mene Mlečići.
S kakvim su te obrazom spremili,
Kad su svoje grdno gubavilo
Sad kazali cijeloj Evropi?

GRAF BUJOVIĆ
Mletačka je volja svagda bila,
Otkad si im došâ u susjedstvo,
I danas je, kako što je bila:
Drugo ime uzmi, koje hoćeš,
Al' se carem ni imperatorom
Nemoj zvati, jer ti ne pristoji.

ŠĆEPAN *(s grohotom).*
Zar Mlečići u mojojzi kući

Da me krste, kako oni hoće?
Što bi onda Crna Gora bila,
Kad bi ona lavu Markovome
Kao torba o repu visila,
Pa onome lavu žalosnome
Koji nosi evo neko doba
Ćud lisičju a zečevo srce,
Te se klanja sjenki od mjeseca,
Robinjama napravlja papuče!

GRAF BUJOVIĆ
Znaš, Šćepane, ti si čovjek uman,
Sreća ti je u krila udrila,
A djela ti sposobnosti kažu;
No za tebe carsko ime nije,
S tobom bi se moglo i složiti,
No se s mjestom ovijem ne slaže.

ŠĆEPAN
Jâ se zvao tako al' onako,
Vama nije ni šire ni uže,
Samo vi se ne daje sakriti
Opačilo vaše vazdakadnje
I podmukla podlost duše vaše,
Kojano je blagorodnoj duši
Mnogo teža no turska divljina. —
Istim putem, kojim si došao,
Hajde natrag, pozdravi Mlečiće:
Jošt im treba mnogo koječesa,
Da im dugi porastu brkovi,

Pa što takvo da počnu zboriti.

JAVLENIJE TRINAESTO

Odlazi graf Bujović. Dolazi jedan slijepac, koji je pjesnu izveo o novoj pobjedi na Čevo i u Crmnicu; umole ga da je pjeva, počne gudjeti pred Šćepanom i glavarima, puk se nagomila, pa se ne može krknuti.

SLIJEPAC *(poje).*
Združiše se dva velika zmaja,
Otpraviše Turke i Latine,
Sto i tridest hiljadah pušakah,
Da uhvate cara rusinskoga,
Te u Crnu Goru dobježao,
A zarobe caricu slobodu.
Car se sakri u selo Građane,
A caricu brane Crnogorci:
Na hiljade padoše junaci,
Potekoše rijeke krvave,
Potopiše Turke i Latine.
Zasja sveta carica sloboda,
Zasja sveta kâ na goru sunce.
Blago vama do šest vitezova
Te vodiste u boj Crnogorce,
Vaše ime nikad ne umire:
Vukotiću sa Cetinja Pero
I serdare Popoviću Stano,
Vojevodo Drago Vukotiću
S pobratimom, Milićem vojvodom,

Mlad đakone, crnogorska diko,
Sa serdarom Đurašković-Jovom!
Blago vama, sivi sokolovi,
Sokolovi, crnogorski momci!
Vi besmrtnu slavu zadobiste,
Sijekući šest neđeljah Turke
Preko Čeva i podno Crmnice,
Dokle silu tursku saraziste
I demonu slomiste rogove.

Svrši pjesnu slijepac. Šćepan gleda pred sobom, bolje mu se dopadaše pjesna papagalova, no ovoga slijepca. Razlazi se skupština.

DJEJSTVIJE ČETVRTO

JAVLENIJE PRVO

(Na Cetinju.)

Dolazi poslanik imperatrice Ekaterine Vtore, knjaz i general Georgi Dolgorukov i sa njim 30 oficera, donose Crnogorcima gramatu od rečene carice, kojom ih pozivlje da ustanu na Turke, jer je i ona s Turcima zaratila. Vladika Sava piše u sva plemena crnogorska da idu na Malu Gospođu na Cetinje, da čuju gramatu carice ruske, što im piše.

Soba u manastir na Cetinju. Knjaz Dolgorukov, vladika Sava, patrijarh Brkić, Teodosija Mrkojević, oficeri ruski.

> KNJAZ DOLGORUKOV
> Želio sam od moga đetinstva
> Ove gore vaše vidijeti,
> O kojim se čudna predanija
> Na sve strane čuju i prosiplju,
> I evo me lijepa sudbina

I dovede sada među njima,
Da se s vama vidim i poznadem.
Radujem se i veselim tome.

VLADIKA SAVA
Gora s gorom sastat' se ne može,
Ali čovjek može sa čovjekom.

KNJAZ DOLGORUKOV
Kako sam se iz mora izvezâ,
Na granicu stao crnogorsku,
U duši sam veliku premjenu
Oćutio, ne znam ni sam kakvu,
I prvi sam kamen crnogorski
Poljubio sa bratskom ljubavju.

VLADIKA SAVA
Koliko će čovjek putovati,
S predjelima i čustva mijenja,
Osobeno na predjel sobratski:
Na njem čovjek mora, i da ne bi;
Jošt kada ga veza dvojestruka
Tako silno veže i skopčava,
Kako što nas sa Rusijom veže.

KNJAZ DOLGORUKOV
Ovo čisto vjerovati može
Vaša milost i preosvjaštenstvo:
Otkako sam ljetos izišao
Iz miloga otačastva moga,

Sad sam samo dihnuo vozduhom
Prijatnijem, a priđe nijesam.

VLADIKA SAVA
Svoje s tuđim nije smiješano,
Od tuđega svagda tuga bije.

JAVLENIJE DRUGO

Donosi đače rakije, uzimlje Teodosija Mrkojević rakiju, te služi patrijarhu, vladiku, napunja čašu i daje knjazu, a ovaj se izvinjava da ne pije rakije.

TEODOSIJA MRKOJEVIĆ *(pružajući mu čašu)*.
Uzmi, knjaže, ne nećkaj se ništa,
Ove gore ne ljube regule,
Jer su u njih dani predugački,
Teliš onim što kod kuće čamju,
Kad ih čovjek ne bi potkidao
Sa pjesmicom i čašom rakije;
Dok si ovdje, treba zabaciti
Svekolike svjetske poslastice,
Kâ da si se iznova rodio.

Gleda ga knez ljubopitno i popije dobru čašu.

TEODOSIJA MRKOJEVIĆ *(smijući se)*.
Na zdravlje ti! Vješto je iskapi,
Kao da si i priđe počinjâ.

Svi proči piše rakije.

KNJAZ DOLGORUKOV *(Teodosiji, šaleći se).*
Pa si dobro jošt, igumne, sirov
Pod bijelim i dugim vlasima:
Lice ti je kâ mladiću sjajno.
Kolika si ljeta izbrojio?

TEODOSIJA MRKOJEVIĆ
Gonim uprav' sedamdesetšesto,
Al' ga gonim, ali ga prestižem,
Ne znam ljepše kako bih kazao.

KNJAZ DOLGORUKOV
Sedamdeset i šesta godina!
(*K svojima:* „On ešče molodec!")
Takovi su sinovi prirode,
Kojim nježnost, kojim izlišnosti
Zdravje, blago najdraže na sv'jetu,
Otrovale, kâ znadu, nijesu!
Ja mnim, oče, malo što i misliš,
No smireno filozofski čekaš
Što će tebi dan koji dovesti.

TEODOSIJA MRKOJEVIĆ
Mislim, knjaže, i prskoh misleći,
Misli su mi veće jade dale
Dvadest putah, no teški poslovi.

KNJAZ DOLGORUKOV
Nama, što smo u svijet široki,
Misli lome glave nemilosno,
Ali vama što bi ih lomile
Na ovome mjestu uzanome?

TEODOSIJA MRKOJEVIĆ
U tjeskoti mora se misliti,
I ove su misli različite.
Ti sve misliš od dobra k boljemu,
Ono bolje ako ti izmakne,
Dobro ti se u zlo preokrene,
To je uprav' smiješno mišljenje;
A ja mislim od zla put gorega,
Zlo prenosim, gorega se čuvam.
Ti si rođen i čestit i srećan;
A ja isto kâ tica u gori,
Boga slavim i dnevi i noći
Što nijesam tica u kavezu.
Ovo mi je draže od svijeta,
Tijem pîtam dušu i tijelo.

KNJAZ DOLGORUKOV
Međer znadeš mislit' i zboriti!
U svijet si valjda putovao,
Ako ništa, ano da se poznaš
S naukama i s bogoslovijom,
Koje ti je nužno znati bilo,
Da polučiš svešteno zvanije?

TEODOSIJA MRKOJEVIĆ
Veoma sam malo putovao,
Samouk sam, ako štogod znadem:
Po bukvici učio sam knjigu,
Po ljudima učio sam svijet,
Po zvjezdama i bogosloviju.
Što mi druga trebuje nauka
Kako ovdje u naše krajeve?
Mnogo ognja pod malijem loncem:
Al' će prsnut', al' prolit' mlijeko.

KNJAZ DOLGORUKOV
A domaći kakav vi je život?
Imate li uredne časove,
Kad ležete i kad se dignete,
Kada ćete sjesti za objedom,
I večerom sjedite li dugo?
Imate li kakve god zabave?

TEODOSIJA MRKOJEVIĆ
Kod mene je ovakva uredba:
Kad ogladnim, onda mi je podna;
Dugo sjeđet' ne mogu večerom,
No kako se kod vatre ogrijem,
Čašu vina podobru ispijem,
Te nazdravim sanku i družini,
Pa otale zgrijat u postelji;
Je li zora, eto me na noge;
Zabave ti druge ne imadem
Do jednoga sama razgovora

S živijema ali s mrtvijema,
Kad ni s jednim, onda sam i sobom.

Pucaju maškuli neprestano, koji pozivlju Crnogorce, da idu na skupštinu.

KNJAZ DOLGORUKOV
Ne mogu se naslušat' miline,
Jerbo su nam sve ove litice
Oživjele krupnim odzivima.
Ta ovo je prijatno slušati,
Teliš onom, ko ga čuo nije.

JAVLENIJE TREĆE

Sabraše se Crnogorci listom, izlazi među Crnogorcima vladika, patrijarh, knj. Dolgorukov, Teodosija Mrkojević i oficeri ruski. Crnogorci su digli kape na puške, a Teodosija Mrkojević čita gramatu od carice. Po pročitanju gramate učine Crnogorci u tri puta veselje iz pušaka.

KNJAZ DOLGORUKOV
Čuj, narode jedinoplemeni,
Proslavljeni u svijet hrabrošću!
Pravoslavna velika carica
Spremila me, da među vas dođem,
Da vam predam njezinu gramatu
I njezine sveštene riječi,
Te mi dade iz usta u usta,
Vam ih predat' od slova do slova.

Veliko je moje poslanije,
Carska riječ amanet najviši,
Dragocjenost najviša na zemlji,
R'ječ je carska carstva religija.
Ja vam nosim strašna sokrovišta,
Ucijenit' usta ih ne mogu:
Svaka riječ, koju sam donio,
Po brilijant valjade iz krune.
Jošt nikada v'jesti ni vjesnika
Ovakoga ovdje došlo nije,
Otkad vaše gore ponikoše.

Crnogorci izabiraju serdara Jova Petrovića, koji je učio nekolike godine u Petrovom Gradu, da on govori s knjazem.

SERDAR JOVO
Izgovori, knjaže, što imadeš,
Mi smo željni dobrijeh glasova.

KNJAZ DOLGORUKOV
Carica vas ljubi kâ sinove,
Paziće vas kako đecu svoju.

SERDAR JOVO
Mi to čisto, knjaže, vjerujemo,
I mi Ruse kâ braću ljubimo.

KNJAZ DOLGORUKOV
Izvjesno je Njenom Veličestvu
Vaša hrabrost od pantivijeka

I predanost vaša nepokretna,
Posestrimi Rusî te gojite.

SERDAR JOVO
To smo djelom dosad pokazali,
Ni posad se lijenit' nećemo,
Što mognemo u svakoju zgodu.

KNJAZ DOLGORUKOV
Dajem vama na znanje svijema
Kako sultan, nevjerni Mustafa,
Vrag zakleti krsta hristjanskoga,
Obrjeskova, našega ministra,
Bezakono u tavnicu baci,
Rat objavi kao iznenada
Pravoslavnoj velikoj carici
I cijelu rodu hristjanskome;
Carica je digla silnu vojsku
I klikuje iz upila glasa:
Ko se gode su tri prsta krsti
Da ustaje na noge junačke,
Da dižemo srušene oltare,
Da na njima krste ispravljamo,
Da propoje vjera pravoslavna
Slavu Božju i pjesnu pobjednu;
Da gonimo poganskoga sina
Iz Evrope k njegovom gnijezdu,
U njegove zaparne pješčine.
Spomen'te se, hrabri Crnogorci,
Kakvu pretci vaši zadobiše

Nečuvenu slavu i junaštvo
S Aleksandrom, carom makedonskim;

Smije se Teodosija.

Spomen'te se djelah viteškijeh
Vaših carah i vaših despotah,
Pa junaštva, kom se svijet divi,
Te ste svagda sobom pokazali
Pod barjake Skenderbega Đura
Protiv gadne sile otomanske;
Spomen'te se vašijeh pretkovah
I njihove borbe očajane:
Prvi oni barjak razvijaše
Od Slavjanah svijeh u Evropi
Proć' Turčina, opštega krvnika,
A u pomoć Petru Velikome.

SERDAR JOVO
To je bilo, nego sa snom prođe,
Pogiboše cari i banovi,
Kâ da u njih udri munja živa;
Pogiboše Srbi na sve strane,
Pogiboše dušom i tijelom;
Mi ni na put, ni na dom ostasmo,
Na potrku svijema mukama,
Samo što zlom i strašnom osvetom
Živujemo u ovim gorama.
Pomogosmo Petru Velikome,
Pa sva naša krvca i stradanja

Bogom prosto, kada smo pomogli,
Osvetivši Petra od Ahmeta!
Nas potreba nije sokoliti,
Što možemo, gotovi smo svagda.
Je li Bog dâ, imamo li s kime,
Pobolje će nas poznati Turci.
Al' se bojim nesrećne nedaće,
Sreća nam se stara zametnula,
Probudit' se ona lako neće,
Dokle god se sitana naspava.

KNJAZ DOLGORUKOV
Monarhinja želi pravoslavna
Da na pomoć njenoga oružja
Rat s Turčinom odmah zametnete,
Da se listom na Turke dignete,
Da Stambolu s vojskom marširate,
Da na njemu s vojskom udarite,
Pa što Bog da i sreća junačka!

SERDAR JOVO
Mi smo u rat dovijek s Turcima,
Jošt se nikad mirili nijesmo,
Niti ćemo, dok je od nas traga;
Dić' ćemo se odmaha na Turke,
S njima ćemo boja učiniti
Po granici na svakoju stranu —
A s kim ćemo marširat' k Stambolu?
Malene su, knjaže, naše sile
Mi se jedva braniti možemo!

Ima li nas desetak tisućah
S malo hrane, a jošt manje praha?
Kud se gode s granice šenemo,
Sresti će nas dvadeset tisućah,
Malo dalje srešće i pedeset,
Pa ne mrca i zavaljenika,
No Bošnjaka ali Arbanasa,
Od iskona vojničkog naroda,
Te se rađa i mre pod oružjem.
Da li ne znaš, oni su Stambolu
Ostra sablja a desnica ruka,
Kolijevka to je janičarska,
A janičar sila krvoloka!

KNJAZ DOLGORUKOV
Nije Turčin ono, što je bio,
No je grdno na nos posrnuo;
A, sačuvaj Bože, da je ono,
Što se jednom o njemu zboraše!
Da mu kola u glib ne padoše,
Već bi svijet crnji pakâ bio.

TEODOSIJA MRKOJEVIĆ
Kraj imade kuga i zlo svako,
A da kraja ne biše imali,
Cijeli bi svijet pomorili,
Te bi zemlja postala pustinja,
Da se po njoj divlja stada šire.
Slava Bogu, što Turčin posrnu!
No pred kim je, knjaže, posrnuo? —

Pred silama i pred narodima!
Al' spram nama on jošt ne posrnu,
Spram nama je jošt njega suviše.
Mi smo šaka malena naroda,
Bogu hvala, opita slobodom;
Da nam nije još ove pjanosti,
Davno bismo i mi upanuli,
Kâ svi drugi, u đavolju torbu,
Đe su veće smješćene jabuke.

KNJAZ DOLGORUKOV
U Tursku je danas sasvim drugo,
Nije ono, što je pređe bilo:
Uljegla je zuka u narode,
(Sudbina je tajna potpalila.)
Potresla se duša u narodu,
Već im na nos miriše sloboda.
Sva je Turska danas u Evropu
Kâ stog suhe slame al' sijena,
Ne trebuje nego smjela ruka,
Da u nj metne vatru s jedne strane,
Da se cio pepelom prometne;
A ta ruka vi možete biti,
Ako znaste i ako šćedoste!

TEODOSIJA MRKOJEVIĆ
To taj može mislit' i zboriti,
Koji ne zna kako stvari stoje,
Al' ne onaj, koji ih poznaje.
Kako bismo mi to uradili

Bez pomoći nekoga drugoga,
Kad Bošnjaci, naša rodna braća,
Slijepi su, te ne vide ništa:
Kuran im je oči izvadio,
Kuran im je obraz ocrnio,
Kod njih nejma duše ni obraza
Koji ne bi za kuran umr̃o;
To je njina kukavna svetinja!
O slobodi i o narodnosti
U njih niko ponjatija nejma,
U grob su ih obje sahranili.
Arnaut je ni voda ni vino,
Narodnosti ni slobode nejma,
On za obraz ne zna i poštenje,
Prodaje se, ko mu više dade,
Za novce će svašto učiniti,
Mater prodat', a oca zaklati.
Ta viteza Skenderbega Đura,
Koji njima ne bješe priličan,
(Na ujake Đuro nalicaše,
Na Balšiće, na srpske kneževe.)
Baš ovoga slavnoga viteza,
Koga više nikad steći neće,
Prodadoše za novce Turcima!
Da im noću Đuro ne uteče
Iz postelje, te nekako čudno,
Hoćahu mu glavu otkinuti
I prodat' je za novce sultanu.
Skenderbegu mi smo pomagali
Boriti se protiv sile turske;

Arnauti to znati ne hoće,
Oni su nam najveći vragovi.
Za Grke ti kazat' ne umijem,
No ni od njih posla biti neće
Bez tuđega masla i pomoći.
Bulgarin je bez duše trupina,
On je ub'jen topuzom u glavu,
Ne sjeća se što je pređe bio.

KNJAZ DOLGORUKOV
Okolo vas Srbah mnogo ima:
Da vam niko drugi ne pomogne,
S njima čuda uradit' možete.
Odvazda su Srbi narod hrabri.

TEODOSIJA MRKOJEVIĆ
Istina je da su narod hrabri,
Da su bili; ali đe su sada?
Vjerovanja Srbe istražiše.
Mi smo Srbi narod najsrećni:
Svaki Srbin, koji se prevjeri,
Prosto vjeru što zagrli drugu,
No mu prosto ne bilo pred Bogom
Što ocrni obraz pred svijetom,
Te se zvati Srbinom ne hoće!
Ovo ti je Srbe iskobilo,
Robovima tuđim učinilo.

KNJAZ DOLGORUKOV
Kako kažeš, oče igumane,

Odovud se vrcnuti ne može,
Kad su tako skupjeni krajevi.

TEODOSIJA MRKOJEVIĆ
Može, knjaže, ono što se može,
A više se ni tražiti neće:
Mi hoćemo zavrći bojeve
Okolo nas su deset gradovah,
Turke ćemo navuć' na granice,
A sve Turke najžešće junake
Od sve Bosne i od Arbanije.
Tu će biti golemo pomoći,
I napretku vašem olakšice.
No se, knjaže, pokloni carici,
Predanost joj našu čistu kaži,
Ne zaborav' napomenut' istoj,
Kada bi se smirila s Turcima,
Nek' nas s braćom Rusima udruži
I pomiri s kletijem Turcima,
Da kâ pređe s nama ne urade:
Zajedno se pobismo s Turcima,
Pa se Rusi bez nas pomiriše,
Nas sirotne same ostaviše
Razljućenoj sili pesijanskoj.

GLAVARI I SAV NAROD *(iz grla)*.
Sramota je, oče igumane,
Spominjati ono, što je prošlo;
Mi smo muke dovijek parali,
(A ljudi su za muke rođeni)

Ti o miru dovijeka sanjaš.
Da mir bude, kako ti govoriš,
Kako bismo bez rata živjeli?
Rat je nama duša, igumane!
No ne zbori što ti ne pristoji,
Ere ćeš se za jezik ujesti.

JAVLENIJE ČETVRTO

Puče grozd pušakah na brdu, ide Šćepan pa mu po običaju čine veselje. Kako čuju ostali Crnogorci, koji su na iskupu okolo gramate, svi prospu oganj, na veselje odgovore veseljem. Teško bude veoma knjazu Dolgorukovu, koji im je kaževâ da je Šćepan laža, i Crnogorci mu rekli da vjeruju knjazu. Dođe Šćepan.

KNJAZ DOLGORUKOV
Ej ti, lažo jedna nepoznata,
Kako si se smio usuditi
Na zlo ime upotrebit' carsko
I poruge tolike graditi
S osveštenim jednijem imenom?
„Pomazanik" ne znaš što će reći?
Vješala su već ništa za tebe.

ŠĆEPAN *(uzbunjen)*.
Evo narod cio za svjedoka,
Jesam li se ikad carem nazvâ,
Neka narod po duši svjedoči;
Nego sam se od toga imena
Ustručavâ kako od đavola.

Ali ko je mogâ, al' će moći
Puku ikad usta zatisnuti,
Da ne zbori što mu na um dođe?

KNJAZ DOLGORUKOV
Svedodžbah su javnijeh stotine:
Ti si grdni krivac pred zakonom,
Ništa tebe oprati ne može,
Lug, ni sapun, ni sve tvoje laže.
Tvoja laža nije jedna šala,
Traknula se ona nadaleko,
Na četiri kraja od svijeta.

ŠĆEPAN
Pa što mene toliko krivite,
Što svjetina oko mene huči?
Narod krsti kako koga hoće,
Ko će poreć' Božju i narodnju?

KNJAZ DOLGORUKOV
Znaš li kako sude samozvanca?
Tebi ista osuda šljeduje,
Nad tobom je ona izrečena,
Samo što je treba izvršiti.

ŠĆEPAN *(jako uzbunjen).*
Pa ko mene među Crnogorce
Da suditi i kazniti smije?!
Čovjek jedan bez nikakve sile,
Do jednijem praznijem r'ječima,

Da nada mnom izreče osudu?!
Kičeljivi Stambol i opaki,
Udruženi s lukavim Mletcima,
Odsudu mi potpisat' ne smješe!
Mnogo bi se slomilo mišicah,
Mnogo bi se slomilo oružja,
Dok bi meni izrekli odsudu.
Ja sâm mogu spram jednoga stati,
A s ovakim hrabrijem narodom
Ne bojim se do Boga nikoga!
Nego zbori, knjaže, o drugomu,
O čemu si poslat, ne preskači;
Drugi put ćeš o meni zboriti,
Kad se i ja malo porazberem
I stvari se nadalje urede;
Tad će izist' djelo na vidjelo,
Što ti hoćeš, kako l' mene zovu.

KNJAZ DOLGORUKOV
Sad pòtvrdi prvo nijekanje!
Svašta sam se o tebi naslušâ,
Al' sve mogô vjerovat' nijesam,
Dok mi danas ti sve posvjedoči;
Ali sada cijelo vjerujem
Da ti svijet ništa ne pridiže.

ŠĆEPAN
Vjerovao, il' ne vjerovao,
Meni nije ni najmanje stalo,
Pa upravo, da ti ne zamećem:

Da takvizi dobro za mnom zbore,
Za mene bi to pogrda bila;
Al' kad takvi za mnom zlo govore,
Ja se tijem dičim i ponosim.
Sada viđi kako te cijenim!

KNJAZ DOLGORUKOV
(obrativši se narodu ražljućen).
Čujete li njega, Crnogorci,
Sa kakvijem dočeka pozdravom
Poslanika carice hristjanske
I jednoga knjaza starinskoga,
Da prvoga u sve carstvo nejma?!
Čujte dobro što ću vi kazati:
Vi ako ste onaj narod vjerni
I predani Rusî posestrimi;
Ako boli vas podruga grdna,
Koja pade na svijetlo ime
Velikoga cara rusinskoga
Črez ništavca ovog samozvanca:
Sad odmaha njega izvedite,
Sad odmaha njega strijeljajte
Nasred ravna polja Cetinskoga!

NAROD SAV
Sve za ljubav velike carice
I za tvoju, njenog poslanika,
Činićemo od ovog čovjeka;
Strijeljat' ga nikako nećemo,
Drugo svašto, što je tebi drago.

KNJAZ DOLGORUKOV
A vi sablju njegovu uzmite,
I odmaha s njime u tavnicu,
Neka u njoj laže svoje kaje.

Skoči nekoliko Crnogoracah, uzmu od Šćepana sablju, Šćepan uzdrhti i počne plakati.

KNJAZ DOLGORUKOV
(s povelitelnim tonom Šćepanu).
Treba lažu sada da otkriješ
Pred očima cijela naroda,
Treba kazat' otkuda si rodom.

ŠĆEPAN *(zabunjen, poslije dugog ćutanja).*
Grk sam, rodom iz grada Janjine.

Knjaz Dolgorukov dozove jednog oficera, koji umije grčki, da vidi je li istina da je Grk; no Šćepan ne umjede ništa grčki.

KNJAZ DOLGORUKOV
Lažeš, lažo, kâ si naučio!
Ti nijesi Grčke ni vidio.
Nego kažuj otkuda si rodom,
da l' ne vidiš vile pred očima?

ŠĆEPAN *(jecajući).*
Ja sam uprav' rodom Dalmatinac,
Plemenom se zovem Raičević;

Ako ovo ne bude istina,
Prost vi život, vi me kamenujte.

Poslije dugoga ispita vide da je čisto kazao otkuda je, povedu ga i zatvore u jednu klijet više sobe knj. Dolgorukova.

JAVLENIJE PETO

Dolazi nekoliko Crnogoracah s granice i dovedu sa sobom patrijarha carigradskoga, Esperijusa.

POP ANDRIJA
Dobro došli, braćo Crmničani!
Otkuda vam taj duhovnik stari?
Tolicinja rašta ga pratite?

JEDAN VOJNIK
Lov smo dobar, proto, ulovili,
Ali mu se tako veselimo,
Kâ da će nas sve opržit' munja.

POP ANDRIJA
Viđu na vam' nešto ste ijetki.
Pričajte nam, da vidimo što je,
Pa do koga uzbude krivica,
Odgovarô Bogu i narodu!
I šenica imade kukolja,
I duhovnik može zaluditi;
No kažite ko je taj duhovnik,
Kakav posâ vi s njime imate.

ISTI VOJNIK
Patrijarh je ovo carigradski,
Pa nas grijeh i nesreća naša
S njim udesi, te ga uhvatismo.

Skoči na noge knjaz Dolgorukov, vladika Sava, patrijarh Brkić, vladika Arsenije, oficeri i sav narod, da ga iz ljubopitstva vide. Patrijarh se Brkić s njim poznade, celivaše se po običaju, tako isto i druga gospoda, duhovna i mirska.

POP ANDRIJA
Porašta je patrijarh vselenski
I kakvijem poslom amo došâ?
Rašta li ste vi pružili ruke
Na amanet i svetinju svoju?

DRUGI VOJNIK
Rašta, proto? — Rad nesreće naše,
A njegove vječite nagrde!

POP ANDRIJA
Kakva može to biti podruga
S svjetilnikom vjere pravoslavne?

ISTI VOJNIK
Kâ najviše što si ikad čuo,
Pa je takve ni čuo nijesi.

Svak sluša s ljubopitstvom.

Evo ima sedam-osam danah,
Otkako je došâ na granici,
Svako mu se živi oveseli,
Kâ da novo nas ogrija sunce,
Svak pohita, kano patrijarhu,
Da pouku od njega čujemo
I primimo svete blagoslove;
Kad kod njega, imaš što viđeti!
Poče vražju prosipat' pouku
I trovati narod opačilom;
Poče kumit što čuo nijesi,
(Da se zemlja pod nama propane!)
Sve gologlav, a s krstom u ruke,
Da se narod Turcima predaje.
Svi se tome poslu začudismo,
Da nas kuša, sav narod pomisli,
Jesmo li mu u zakonu tvrdi,
Ljubimo li slobodu junačku.
Kada viđe kumstva ne pomažu,
Poče kleti, u kam zatucati
I na narod prokletstva sipati
I nekakve krupne anateme,
Ako narod za njim ne okrene,
Da se ide Turcima predati.
Kad viđesmo što hoće patrika,
Hristjanskom ga vjerom zakumismo
I njegovim velikijem činom,
Da se prođe takvijeh poslovah,
I da ide otkud je došao,

Da se grdna bruka ne nabija
S lijepijem našijem zakonom.
Kumismo ga tri-četiri dana
Ko se gode kod njega namjeri;
Na sva naša kumstva ne obrnu,
Niti jednom reče: Hvala Bogu!
No sve prati onu naopaku.
Tad pregnusmo, ne znam ni sam kako,
(Ako će nas sve Bog saraziti!)
Uhvati ga i dovedi k vama.
Sad činite od nas i od njega
Kako znate, što vas duša boli,
A svi bismo volî poginuti,
Nego išta da mu ružno bude.

Svak gleda preda se i snebi se.

TEODOSIJA MRKOJEVIĆ *(zlovoljan, krsti se).*
Danica se satanom provrže,
Jerbo pođe protiv volje Božje,
Stoga s neba pade u tartaru.
(Zlo sa gorim hoću da pokrijem.)
Arhistratig kad prvi sagreši,
Kâ će slabi čovjek da ne zgreši?

Opet ćutanje veliko, svakome nešto mučno biva. Patrijarh Esperijus broji brojanice i plače.

TEODOSIJA MRKOJEVIĆ
Sad on plače, (i ja ću plakati),

Roni tople suze pokajanja.
Velikaši i griješe krupno!
Smrtna ruka nad njim vlasti nejma;
No će njemu za njegova djela
Nebo sudit', a zemlja ne smije.

JAVLENIJE ŠESTO

BAJO GAVRILOV
Barem sada, oče igumane,
Bez gospode nijesmo sirotni,
No ih evo na svakoju stranu:
Car i princip s tridest oficerah,
Dva vladike i dva patrijarha,
Šest serdarah i šest vojevodah,
A pomanjim ni broja se ne zna.

TEODOSIJA MRKOJEVIĆ
Istina je, naša četovođo,
Dosta ih se sada namjerilo,
Ali si se malo zabrojio.
Da Bog dade unaprijed više!
Što bi bile pčele bez matice?

BAJO GAVRILOV
Dosta ih je majde, bogme, oče,
Dovijala nekakva vjetrina;
Već ih nikad Crna Gora neće
Ovoliko očima vidjeti.
Mnogo bi ih jednom carstvu bilo,

Ovoliko čuda za nas nije;
Nego će se brzo raspršati:
Zli smo, oče, mi do Boga sluge,
A oni su listom praznoruki,
Svi, do toga ruskoga principa.
Slanu šaku rado ljudi ližu,
A na praznu ne obraću glave.
Istina je što si ti rekao:
Zbunjene su pčele bez matice,
A kakve su sa mnogo matica?

Teodosija Mrkojević od imena oba vladike, patrijarha Brkića i knjaza Dolgorukova moli Esperijusa da dade blagosloveno pismo onima, koji su ga doveli na Cetinju. Esperijus dava pismo, i oni odma' prilično njegovom zvaniju, isprate obratno vselenskoga patrijarha.

JAVLENIJE SEDMO

Dolazi Pejo Madžar, žitelj skadarski, a rodom iz Podgorice, i donosi pismo vladici Savi i Crnogorcima od beglerbega rumeli-valisa, celiva vladiku u ruku i dava mu pismo; vladika pročitavši isto, dava ga knjazu Dolgorukovu. Knjaz, ne umijući prosti rukopis čitati, dade pismo Teodosiju Mrkojeviću, da ga na glas pročita.

TEODOSIJA MRKOJEVIĆ *(čita pismo).*
Vezir-paša rumeli-valesi
Pozdravljam te, cetinski vladiko,
I glavare od sve Gore Crne!

Evo ima nekoliko dana
S svake strane doušavaju mi
Da je Moskov nekakav iz mora
Izišao, i u vas došao;
Donio vam nekakve fermane,
Te vas na zlo uči i podbada.
Prođite se, more, sijaseta!
Zar Moskova nijeste poznali,
Što je pređe s vama uradio?
Ako ćete da smo prijatelji,
Čuvajte se njegove prevare,
Put mu dajte otkud je došao.
Što prst meće među tuđa vrata?
Mi smo jedno bili i bićemo:
Domaća se čeljad posvađala,
Pa ćemo se smirit', ako Bog da!
Što vam treba nečesova družba
Sa Moskovom iz preko svijeta?
I da hoće, pomoć' vi ne smije,
I da smije, pomoć' vi ne može:
On je sab'jen na kraj od svijeta,
Te ne može ni od koje ruke
Vami čuti smrti ni života.

Smije se knjaz Dolgorukov.

    PROTO AVRAMOVIĆ
    Čuješ pasje bezobrazne klapnje!
    „Domaća se čeljad posvađala"
    To će reći da smo s njima jedno.

POP ANDRIJA
To će reći da smo mi njihovi.

PROTO AVRAMOVIĆ
Bi li ovo djeca napisala?
Baš su Turci slijepe budale!

POP ANDRIJA
Jesu Turci djeca, no pakosna,
Budaleći Turci sve mudruju.

PROTO AVRAMOVIĆ
„Budaleći Turci sve mudruju"?!
Ja ne mogu ovojzi mudrosti
Nikakvoga kraja nigđe naći.

POP ANDRIJA
Njojzi kraja trudno naći nije:
Gordost sl'jepa jeste duša Turska,
A duša se ova lažom p'ita:
Neće Turčin tobož da popušti,
I sad broji da smo mi njegovi;
Radi toga on nas i domaći.

PROTO AVRAMOVIĆ
Pa kakva je ta prijeka laža?

POP ANDRIJA
Malo manja nego ona što je,

Te Mustafu bratom sunca zovu.

KNJAZ DOLGORUKOV *(Peju Madžaru).*
Ej Madžare, kako je Turcima,
Što sam došâ među Crnogorce?

PEJO MADŽAR
Gospodine, kao trn u oko,
Grdno su se smeli i smutili,
Rep ni glava ne znaju đe im je.

KNJAZ DOLGORUKOV
A što Turci o meni govore?

PEJO MADŽAR
Jad ih znao! Što im na um dođe:
Neko tako, a neko onako,
Nego su se dobro uplašili,
Život im se za paru ne mili;
Ali će im dobro milo biti,
Što si cara vrgâ u tamnicu.

KNJAZ DOLGORUKOV
Kakva cara? Ti si poludio!

PEJO MADŽAR
Svak ga tako zove, gospodaru!
Ja ga krstit' ne znadem inače.

KNJAZ DOLGORUKOV
Ta ono je jedna laža puka,
Stoga sam ga vrgâ u tamnicu.

PEJO MADŽAR
Ko je, da je, on je nama dobar,
On je ovu zemlju proslavio
I Turcima mnogo jada dao,
U glavu im maglu ućerao.

KNJAZ DOLGORUKOV
Može l' ikad to istina biti
Da se Turci, kako mi se priča,
Jedne laže baš toliko boje?

PEJO MADŽAR
Istina je, čestiti principe,
I jošt više, nego ti se priča.
To je čudo pređe nečuveno —
Plaše bule tursku djecu njime.

TEODOSIJA MRKOJEVIĆ
Oli sada odlazit', Madžare?
Ali ti je, ali nije hitnja?

PEJO MADŽAR
Hitnja mi je, veća bit' ne može:
Ak' u Skadar sjutra ne prispijem,
Nejmam više glave na ramena.
Da ne čekam odgovor na pismo,

Ni trenuć se zadržao ne bih.

TEODOSIJA MRKOJEVIĆ
Odgovora ne čekaj nikakva!
Iz glave je ovo vladičine
I svakoga vrsnoga glavara;
Na pismo mu otpisati neće.
Bez poruge svoje i njegove
Ko bi na njem mogâ otpisati?
Onako se ne piše ljudima.
Ti na usta pozdravi vezira,
I kaži mu čisto i otkrito:
Crnogorci željet' ne umiju
Sa Turčinom mira ni ljubavi,
Dobra turskog nikako ne hoće,
A od zla se ne plaše turskoga.
Jošt mu i to pridodaj, Madžare,
Da su Rusi naša rodna braća:
Nejma sile u svijet nikakve,
Koja bi nas mogla razbrastviti!
Pa da nama ni braća nijesu,
Nego da su iz pakla đavoli,
Opet su nam miliji no Turci.
Jošt mu i to pridodaj, Madžare,
Da se kod nas svijaju mahovi —
On će znati na što ovo sluti:
Gradovi se hoće turski skoro
Zal'jevati našijem olovom.

Odlazi Pejo Madžar.

JAVLENIJE OSMO

POP ANDRIJA
(s družinom, krijući od knj. Dolgorukova).
Ja u sebe nešto račun činim:
Stvar se meni ova ne dopada
Što Šćepana danas zatvorismo,
Što Šćepanu javno pred narodom
Izgubismo obraz i cijenu.
Ovo za nas dobro biti neće.

SERDAR VUKALE
Rašta za nas dobro biti neće?

POP ANDRIJA
Jer smo sebi štetu uradili.

SERDAR VUKALE
Kakvu štetu sebi uradismo?

POP ANDRIJA
Te veliku, kako mi se vidi!
Ko je, da je, ja ga ne poznajem,
O njemu se za ovo pitalo;
Al' ga narod za cara držaše,
Čestvovaše i bojaše ga se,
I narod se ovijem imenom
Okretaše kako želijasmo,
Kako svijet okolo pjanoga.
Njim držasmo slogu u narodu.

SERDAR VUKALE
Tu si, pope, dobro ugodio.

POP ANDRIJA
Mi Šćepana sada nagrdismo.
Što je Šćepan? — To je stvar od ništa!
Narodnjega cara izgubismo!
A, Boga ti, kud će veći izgub?!

VOJVODA NIKO
Jošt ne znate što smo izgubili,
No ćemo se poslije sjetiti.

POP ANDRIJA
Baš sjetiti i grdno kajati.

SERDAR VUKALE
A zašto smo ono učinili?
Oda šta se hoćemo kajati?
Prinudit' nas nije mogâ niko,
No izguba tu nije velika.

VOJVODA NIKO
Mi smo ono danas izgubili,
Što nikada već steći nećemo;
Mi imasmo što niko nejmaše:
Bez tereta nikakvoga cara,
Ne iskaše pare ni dinara,
A igraše, kako mi svirasmo.

SERDAR VUKALE
Jošt se nije u svijet rađao
Car jevtinî nikad od Šćepana:
On pod Bogom drugo ne tražaše,
Do po oku dobra mesa na dan
I dipalah dvoje da mu svira.

POP ANDRIJA
Sve je lako, ali evo bruke!
Knjaz će ovaj otkud je došao,
(Što god grana, i drume napravlja.)
Nas s Turcima kako pripokolje.
Mi Šćepana grdno izgubismo,
Bez uzde će ostat' Crnogorci,
Da sve rade po svojojzi ćudi,
I tada se ništa znati neće,
Ni ko pije, ni ko plaća vino.
Pri smutnjama našim domaćijem
Stvar je turska nama kao svadba.
Mi to dobro znamo svi trojica,
Rođeni smo u besudnu zemlju.
Prosta kuga, da nas sve ponese,
No vremena prva da se vrate!

SERDAR VUKALE
Kad je takva šteta u Šćepanu,
Daleko nam nije izmaknuo;
Mi nijesmo ubili Šćepana,
No u onu klijet zatvorili;

Samo onu klijet otvorimo,
Eto Šćepan, kao što je bio.

POP ANDRIJA
„Eto Šćepan; nije poginuo"?!
Uprav čovjek onda i pogine,
Čest, poštenje kada mu se uzme.
Nego treba dobro da pazimo,
Jer poslije nas pomoći neće,
Solomuni da se prometnemo.

JAVLENIJE DEVETO

Dolazi jedan stražar poslat od Šćepana, klanja se knjazu Dolgorukovu i pročoj gospodi, i stane dupke pred knjazem.

KNJAZ DOLGORUKOV
Crnogorče, što tražiš od mene?

STRAŽAR
Za malu sam stvar ovdje došao,
Amanet je Boži stvar velika.

KNJAZ DOLGORUKOV
Danu pričaj, da čujemo što je.

STRAŽAR
Šćepan mi je amanet predao,
Nije jednom, nego po sto putah,
Da vas molim od njegove strane,

Da mu onu ticu te govori
Pošaljete k njemu u tamnicu
Za razgovor jedan i zabavu,
Da mu brže prolazi vrijeme.

KNJAZ DOLGORUKOV *(srdito).*
Kakvu ticu? Ti si poludio!
Čujete li laže bezobrazne,
U čemu je snova zagazio?!
Kako se je mogâ usuditi
Stvar ništavu od mene iskati,
Zapalit' mi obraz pred narodom,
Kako da sam ja ovdje došao,
Da mu čuvam i da mu nadgledam
Besposlice i njegove tice.
Ovo ništa drugo bit' ne može,
Nego sa mnom nabija podrugu.
Kud će veća, nego ova što je!
Grdni jedan skitač bezobrazni,
Niti moja slika ni prilika,
Naruži me danas pred narodom.
Ravan meni da ovo učini,
Lasno bi se mogâ izvidati,
Odmah bih ga na mejdan pozvao.

STRAŽAR
Oprosti mi, dragi gospodare,
Kriv u tome ja nijesam ništa,
Rad' amanta došâ sam Božjega,
Više s' bojim Boga no ikoga!

Knjaz ne odgovori ništa, nego se srdit na stranu nagne; stražar odlazi, a Teodosija Mrkojević polako pristupa knjazu i počne mu tiho govoriti.

> TEODOSIJA MRKOJEVIĆ
> Gospodare, kome se protiviš?
> Zar malenkost jednoga budale
> Da knjaževsku tvoju smuti dušu?
> Pjanicama i ludim ljudima
> Oprašta se svašto kao djeci.
> Onako ga crna pamet uči,
> Ništa znao nije kud mu ide,
> No je htio iskat' dozvolenje,
> Da mu vraga onoga odnesu.
> Milî mu je nego svoja duša,
> Rašta dreči po njegovoj ćudi.
> Tvom koljenu jeste našljedstveno
> Od iskona velikodušije.
> Tvoju ljutost svi mi čustvujemo,
> Da je sa šta, ne bih ni žalio,
> No s nikoga i s nikakve stvari.

Knjaz se ispravlja malo poublažen.

JAVLENIJE DESETO

> POP ANDRIJA *(ustavši među narodom).*
> Ja bih rekâ, oče igumane,
> Da mu nije tolike krivice,

Na Šćepana da se tako viče.

TEODOSIJA MRKOJEVIĆ
Ludi gr'ješi na svakome kroku.

POP ANDRIJA
Ja mnim su mu sve takve krivice,
Čisto držim da na pravdi strada;
Blago njemu i njegovoj duši!

TEODOSIJA MRKOJEVIĆ *(smijući se).*
Prilika je doista cijela,
Da će hula na svetu istinu
Divno mjesto duši otvoriti.

POP ANDRIJA
Sve na stranu drugo da turimo,
No ti kaži, što vi sada skrivi.
Što se može skrivit' u tamnici,
Te toliko na njega vičete?!

TEODOSIJA MRKOJEVIĆ
Kriv je đavo i njegova mater
U bezdanu, kâ đe grije sunce.

VOJVODA NIKO
Je li drugo štogod sakrivio,
Do što svoga ište papagala?
Pa kakva je to vražja krivica? —
Ište svoje, a ne ište tuđe.

TEODOSIJA MRKOJEVIĆ
Mogâ ga je drukčije iskati,
Al' poslati jednoga stražara,
Da donese vraga kod đavola.

VOJVODA NIKO
Kriv ko ište, krivlji da ne ište;
Nejak čovjek punan je krivice.
Bez pitanja da ga je uzeo,
U top bi ga živa saćerali.

TEODOSIJA MRKOJEVIĆ
Ta nijesmo ni mi Turci, čôče,
Da se mesom ljudskijem hranimo.

VOJVODA NIKO
Kakvi bili na svijetu ljudi,
Kad nasade na krivo držalo,
Što su onda, nego pravi Turci?

TEODOSIJA MRKOJEVIĆ
Ja poznajem, na što vi gudite,
Muha vi je u nosu uljegla!
Nije vama stalo, ni marite,
Da papagao ali Šćepan crkne
Od žalosti jedan za drugijem;
To je drugo maslo i kovanje!
Razveza je bolja slabe sveze:
Kad je navrh jezika, pričajte,

A evo vi od mene širina.

Uklanja se Teodosija malo na stranu.

JAVLENIJE JEDANAESTO

SERDAR VUKALE *(knjazu Dolgorukovu).*
Ja se čudim, čudeći se pitam:
Rašta Šćepan tuži u tamnici?

KNJAZ DOLGORUKOV *(prisrdito).*
Malo mu je što je u tamnici,
Trebalo bi da je na vješala.

SERDAR VUKALE
No porašta, čestiti principe?
U kakvoj ga nalaziš krivici?
Ne znamo je, no se svi divimo.

KNJAZ DOLGORUKOV
On je laža, lupež i zlikovac,
Carsko ime on ukrade javno,
To je krađa na svijet najveća.

SERDAR VUKALE
Jošt nikada to čuo nijesam,
Da se ime može đe ukrasti!
Pa kakva je to đavolja krađa:
Ime ukrast', a stvar ne ukrasti?
Pa i da je to ime ukrao,

Kada carstvo on ukrao nije,
Tu krivice ničesove nejma.
Tisuće se ljudih na svijetu
Nazivaju vuci i lavovi,
A niti su vuci ni lavovi.
Po načinu tvome, kako pričaš,
Sve bi ove povješat' trebalo.

KNJAZ DOLGORUKOV
To je sasvim drukčije, serdare.
Zakonici carstva rusinskoga
Samozvanca penju na vješala.

SERDAR VUKALE
Sve je kod vas drugojače, knjaže:
(Ja sam jednom bio u Rusiju.)
U vas su se rastegle ravnine,
Kraja im se pregledat' ne može
Kud god čovjek obrati poglede,
Vidi nebo s ravninam' spojeno;
A ovo je jedan grozdić gorah.
Carstvo vaše tako je prostrano,
Na noge se obisti ne može;
Gore naše tako su uzane:
Lav krilati kad zavrti repom
I ražljućen kad počne rikati,
A Alija kad krvi ožedni,
Kad mu puknu rane na kavure,
Te on počne ječat' iz dubine —
Alija se i lav razumiju

Preko naš'jeh gorah uzanijeh.
Kod vas noći po sve ljeto nejma;
A kod nas se sastavit' ne hoće
Dva bez noći dana nikojako.
Može biti u mnogim stvarima
Kod vas pravo, a kod nas nepravo,
Kod nas pravo, a kod vas nepravo,
Kako što je ovo za Šćepana.

KNJAZ DOLGORUKOV
On je krivac, Bog i ljudi znaju,
I treba ga odmaha kazniti
S vješalima, sa sramotnom smrću.

POP ANDRIJA
Kod nas krivce puškama gađaju,
Puškom na trk, kako ticu na let;
No te molim, svijetli principe,
Od imena cijela naroda:
Iz tavnice puštimo Šćepana,
(Nama treba, a tebi ne smeta.)
Da na pravdi Božjojzi ne strada.

KNJAZ DOLGORUKOV
Ako ovaj samozvanac mrski
Glavom lažu sad ne plati svoju,
Bratska ljubav, sveza najsilnija,
Prekida se danas za dovijek
Među vama i silnom Rusijom.

POP ANDRIJA
Tu ljubavi čiste bratske nije,
Koju jedan čovjek iz pakosti
Bi mogao sobom pretrgnuti.

Knjaz ražljućen počne se šetati.

SERDAR VUKALE, POP ANDRIJA,
VOJVODA NIKO *(iz jednoga glasa).*
Čuj, narode, kud smo zamlitali!
Svoju sreću pod noge turismo,
Da se s nama vas svijet kaliži.
Bi sad djeca mogla vidijeti,
E car ruski danas na Cetinju:
Knjaz bi njega smio izgubiti,
Zatvorit' ga ne smje u tavnicu
Niže sebe, nego više sebe!
Dokle živi, sve starijeg mlađi
Više glave drži i poštuje,
Običaj je takvi u svijetu.
No vadite cara iz tavnice!
Što je princip pred jednijem carem? —
Kâ miš mali pred dobrijem mačkom.

Velika huka u narodu, povrvi narod gomilom, slomi vrata od tavnice i oslobodi Šćepana; velika radost u narodu, što su ga oslobodili. Knjaz Dolgorukov, jako ražljućen na Crnogorce, stane nekoliko danah u Crnoj Gori, dokle Crnogorce dobro s Turcima zavadi, pa onako srdit za to i za mnoge druge stvari, kao i Crnogorci na njega, gotovo uteče s Cetinja u oktobru mjesecu godine 1769, uveze se na Jaz (u kneževini grbaljskoj) u trabakuli Lazara Jankovića iz Novoga i odvede sa sobom u Rusiju Vasilija Jovanovića Brkića, pošljednjega srpskoga patrijarha.

DJEJSTVIJE PETO

JAVLENIJE PRVO

(U Skadru.)

U sobi Mehmet-pašinoj.

KARAMAN-PAŠA DUKAĐINSKI
Alaha mi i njegove brade,
Baš nam kape lete oko glave!
Po četiri lule izdimismo,
A po osam kafah okidosmo,
Da riječi jedne ne piskosmo;
Dosadno je u pusto brbljanje,
Ali ni tu dobra posla nije,
Kad se smrzne jezik u vilice.

MULA HASAN
Kad su srce i duša stegnuti,
Nejma čovjek ćeifa zboriti.

IMAN HUSEIN
Pet molitvah preskakat' ne treba,

Treba trčat' što se brže može
Na sveštenu poklič muezina,
Pa će Alah s velikim prorokom
S duše maći svakoju tegotu,
Dat' svakome što mu srce žudi.

KARAMAN-PAŠA
Jok, dina mi, to ne biva tako!
Kad trpija na dušu napane,
Sve molitve i svi muezini
Ne mogu je sa duše skinuti,
Dok se sama kako ne ukloni,
Dokle čovjek od nje ne prekuži,
Al' dokle ga s dušom ne razdvoji.
Bolijesti od nje teže nije.

MULA HASAN
Trpija je poklapna na dušu,
Kako mora na mlado tijelo,
Al' i ona imade ećima:
Pravi razum s bistrima očima,
Koje stvari ovoga svijeta
Čisto vide, a ne kroz koprenu;
A kada bi bilo, kâ ti kažeš,
Što bi svijet bio do trpija?

KARAMAN-PAŠA
A da što je svijet do trpija?
Musafa mi, rad bih bio znati
Za vas, te ste naši književnici,

Je l' na srcu kâ na jezik vama:
Vjerujete l' tome što zborite,
Ali samo dubaru bacate,
Da bješite bezumnu fukaru.

MULA HASAN
Ta nijesmo ni mi od čelika,
Jer iskrica najmanja oprži;
Al' sa sobom uredbu činimo,
Liječimo sebe i ostale,
A bez toga što bi insan bio?

IMAN HUSEIN
Čisti avdes i čisto klanjanje
Od toga su najpreči ljekovi,
Lijek drugi ja tome ne znadem,
Naš ga Alah i naš prorok nejma;
A što oni nejmaju dvojica,
Nejma toga kod nas ni na nebu.

KARAMAN-PAŠA
S mulom mi se pamet malo zgađa,
Ali s tobom ne može nikako;
Molitve su dobre i predobre,
Ali one lijek ne bivaju,
One s neba klikuju ljekove,
Pa Alaha s prorokom klikuju,
Da nas brane od zla svakojega.

MULA HASAN
Molitve su nužde sačinile;
A da zemlju zle nužde ne gnječe,
Ne bi nebo imalo dosade,
Robinja mu ne bi zemlja bila.

JAVLENIJE DRUGO

MEHMET-PAŠA
(ispravljajući se s divana i svijesteći se od klapnje).
Đe vrag crni zacari đavola
Među onom šakom zlikovacah,
Te nam dade ovoliko posla;
Pa jošt kakva posla krvavoga! —
Na gomile glave ostavismo,
Istrošismo haznu i džebanu,
Pa kakav smo posâ uradili? —
Repa vragu vidjeli nijesmo,
Kakva muka jošt pred nama stoji!

KARAMAN-PAŠA
Da je prosto po stotinu putah,
Što nas Moskov gnječi i razgoni;
Prosto bilo velikim silama
Što nas lome sa svakoje strane:
Veće biva štete no sramote;
Al' neprosto nikad ni dovijek,
Što se s nama sav svijet kaliži,
Đe se naše sile izlomiše
Na hajdučkom jednome gnijezdu.

Je li ikad ovo igđe bilo,
Otkad tisa i vijek nikoše?

MEHMET-PAŠA
Pređe vojske bjesmo okupili
Sto i dvadest tevterom hiljada,
Sad mislimo stotinu kupiti.
Kunem vi se paći vjerom turskom,
Bih volio, radije pregnuo
Vrelo gvožđe dohvatit' zubima,
No na Crnu Goru udariti
I tražiti, đe se nać' ne može,
Toga vraga, te ga carom zovu.

KARAMAN-PAŠA
Znadi čisto, čestiti većile,
Da ga naći dovijek nećemo.
Pređe bi se sitna para našla,
Da je bacim u morsku pučinu,
No taj vraži i opaki čovjek
U krvave one prokletije:
Čuvaju ga kâ amanet neki,
Pa mu i mi digosmo cijenu,
Draži im je sada trista putah.

MEHMET-PAŠA
To se čisto vidi, ne krije se
Koliko ga ljube i poštuju.
S Moskovom se evo neko doba
Oni braća nekakva nazivlju,

Spram Moskova gotovo se krste;
Al' kad onaj princip kod njih dođe
I donese iz Moskve fermane,
Te podjari listom Crnogorce
Na zlo naše i na pakost tešku,
Crnogorci njega nagrdiše
Radi svoga cara opakoga.

KARAMAN-PAŠA
Koliko je butumom svijeta,
Nemirnoće niti opačila
Crnogorskog nigđe ne imade.
Zlikovci su i krvopioci,
Od iskona pravi dindušmani.
Ta veće je u njih prokletila,
Nego u sve goropadne orde,
Što su pod vlast cara Šaitana.
Bog je dao, ere ih je malo,
Jer nejmaju sprave kâ trebuje;
A da ih je više, musafa mi!
A sa spravom da su ponaredni:
Turske kape ostavili ne bi
Baš do Šama i do Parašama.

MEHMET-PAŠA
Slike nigđe u svijet nejmaju,
Koliko je pod Bogom insana.
Ta oni su slijepe budale:
Što su šćeli, moglo im je biti
Od padiše i našeg devleta,

Samo da se malo opamete
I zločinstva svoja da ostave;
Al' badava svašto na svijetu
Sa jednijem šljepijem narodom:
Draže mu je zlo i pakost svoja,
No ikakvo dobro na svijetu,
I s njima se na kraj ne dolazi,
Dok s' nevjerno ne utre kotilo.
A ko bi ga mogâ utrijeti?
Ja se čudim, tako mi sedžade!
Nevjernike što naš Alah trpi,
Iz svijeta što ih ne išćera,
Kâ nevjerni narod Đanben-đana.

JAVLENIJE TREĆE

MULA HASAN
Ja se čudim, lijepe mi ćabe,
Takvi ljudi, kako govorite,
Te kudite što se kudit' ne da
I što ima te kakvu cijenu!

KARAMAN-PAŠA
Deder kaži tu njinu cijenu
I kako se zove, da vidimo.

MULA HASAN
Kako, pašo, ako Boga znadeš,
Da l' ne vidiš kako im se zove?
Te cijene niko drugi nejma,

Imati je nije lako, pašo!
Srpsko carstvo pade na Kosovu,
Potrese se svijet od Turčina,
U ropstvo nam padoše narodi,
Bliži pade, a daljnji ostade;
Ne osta li nama Crna Gora
Uprav', pašo, u našim njedrima
Kâ gnijezdo kraj rijeke plahe?
Od Kosova do današnjeg dana
Naše vojske na nju udariše,
Mnoge naše vojske izgiboše,
Sjekoše ih, robiše, pališe,
Zlo im svako na svijet radiše;
Sva je Crna Gora zasijata
Sa našijem i njinim kostima:
Pokorit' je nikad ne mogasmo.
Kud će veće dike i cijene?
Dina mi, se načudit' ne mogu,
Kad pogledam sve njihove muke,
Kâ to ljudstvo do danas doživje!

KARAMAN-PAŠA
Ti se mula kâ da pokavuri,
Kako hvališ jedne nevjernike
I zločince od svakoje ruke,
Kojino se našom krvlju hrane?!

MULA HASAN
Bilah tespih, kavurin nijesam,
Nit' bih ovo rekâ pred kavur'ma.

Pošteno je pravo govoriti.
Zločinci su, istina je prava,
Na zločinstvo mi ih nagonimo;
Zlo činiti, ko se od zla brani,
Tu zločinstva nije nikakvoga.

KARAMAN-PAŠA
Da imaju i da hoće dati,
Svak bi rekâ ere si podmićen;
Nego da te čuju kako zboriš,
Bi ti kolač nekakav poslali,
Barem dobra da ispečeš ovna.

MULA HASAN
Stavi ruku ti na tvoje srce,
Pa mi reci, govorim li pravo.

KARAMAN-PAŠA
Ala, bila, imaš pravo, mula!
Svi se poslu ovome čudimo,
Što se devlet ovoga ne prođe,
Kad se dosad silom ne uradi,
Đe smo ono krvavo gnijezdo
Učinili, na njem urišeći,
Kasapnicom našom i njihovom.
Koliko je na nju ljudstva leglo,
Da ustanu, babove mi duše,
Sve bi one gore prekrilili!
S tijem smo im dignuli cijenu;
A da smo ih na mir ostavili,

Maleni su oni u svijetu,
Ime bi im davno poginulo
U svijetu i u narodima.

JAVLENIJE ČETVRTO

MEHMET-PAŠA
Smiješni su i ovi padiše:
Kad im nešto pod kapom zavrti,
Oni hoće pod svakoji način
Da im svijet bude pelivanom,
Da se kreće po njihovoj volji;
A to biti nikako ne može.
Kâ si knjigu u Stambul učio,
Skoro otud došao, imane,
Što fukara i svijet egleni
O padiši Abduli Hamidu?
Je li za čem? Kakva li ga kažu?
Hoće l' naše popraviti stvari
Sa Moskovom i sa ostalima?

IMAN HUSEIN
Kažu da je pobolji od brata;
Stvari lako popraviti nije.
Kako dinu metnu Moskov kleti
Obadvije šake u perčinu,
Već je slava naša poginula,
Kavurski smo sada zadušnici.

MEHMET-PAŠA
Davno li se nama okrenulo:
Tek sultani naši utekoše
Sa prestola u harem nesrećnji;
Tek počeše kopati bunare
U odaje, u svome haremu,
I sasipat' rušpe u bunare,
Na njih ležat' i noću i danju,
Karaulu čuvati rušpama;
Tek sultani na koran pljunuše,
Staše drijet' vino i rakiju,
Te postaše bezumne bekrije.
Kud će veće na svijet ludosti,
No učini baš u naše doba
Merametli padiša Mustafa!
Rat objavi silnome Moskovu,
Rat objavi, pa ga zaboravi;
No okupjaj paše i vezire
Od cijela njegovoga carstva
Na ogledu mahnitoj Hadidži,
Koga će mu sestra begenisat';
Šestnaest je putah okupljao
Svu gospodu svoju na ogledu;
Šestnaest je putah udavao
Svoju sestru jednom za drugijem.
Moskov divno poznade padišu,
Navali mu, sa svakoje strane,
Na moru ga, na suhu utuče
I uhvati Turke za vilice.

IMAN HUSEIN
Ja se uzdam, dragi gospodare,
U stotinupedeset džamijah,
U dva puta toliko munarah,
U pet putah toliko drugijeh
Bogomoljah što su u Stambolu:
Sve su ovo carske zadužbine,
Svud se ovdje prava vjera slavi
Neprestano i dnevi i noći,
Uz svaku se riječ pripijeva
Turski Alah i prorok veliki!
Oni će dva oči obratiti,
Svoju vjernu djecu nadgledati,
Satrijeti nevjerne kavure
I proširit' naše divno carstvo
Od istoka do zapada sunca.

МЕХМЕТ-PAŠA
Kurana mi, to je od nas zašlo!
Premučni su nastali adeti,
Mučna će se prikučit' vremena:
Kavurit' se, al' u Šam bježati
A bliže se turkovati neće!
Kâ će moći u uske čakšire
Klanjat' Turci ali turkovati?
Na špiku nam sablja ne pomaže,
Jošt kad krmad u Stambol zadreče,
Tek začuju ovo pravi Turci,
Neka sandžak i šerif ugrabe,
Pa omiču put svetijeh mjestah.

IMAN HUSEIN *(gotovo plačući).*
Neće prorok mogući puštiti
Takva strašna da padne pogrda
Na gizdavu mater od svijeta,
Na sveti grad koji njega slavi.

MEHMET-PAŠA
Sultani su nam propili vino,
Naskoro će Turci vidijeti
Đe sultani jedu krmetinu;
Popucaće srca u Turakah,
Popucati srca od žalosti,
Oslačaće dinu krmetina,
Svi će Turci mukom umuknuti.

JAVLENIJE PETO

Dolazi beglerbeg rumeli-valesi u Skadar s nekolike stotine konjanikah svoje svite; pucaju topovi, biju nakarade, veliko mu veselje grade; sretaju ga Karaman-paša, Mehmet-paša i uvode ga u saraj Mehmet-paše.

MEHMET-PAŠA
Dobro došâ, čestiti valisu!
Hairli nam tvoj dolazak bio!
Jesi li se utrudio ljuto?
Jesu li te rastresli hatovi
Na ovome dugačkome putu?

BEGLERBEG *(jedva govoreći od debljine)*.
Baš se jesam grdno utrudio
Što nijesam nikad u životu,
Jer su ovi zločesti putovi.

MEHMET-PAŠA
Kakvi ljudi, takvi i putovi!
Putovi se ni zvati ne mogu,
No su ovo prave besputice,
Teliš onim, koji su odrasli
Na ćilimu u divnom Stambolu.
Putovi su naši kâ groznica.

BEGLERBEG *(zijevajući kao da se topi)*.
Otkako sam Stambul ostavio
I postao rumeli-valisom,
Evo ima nepuna godina,
Čini mi se da su deset prošle,
Kako čeznem za krasnim Stambulom.
Nego druga ne biva nikako:
Robovi smo našega padiše,
Treba njemu izmet učiniti;
Sinovi smo vjere prorokove,
Treba njene goniti dušmane,
I zbijat' ih dinu pod nogama.

MEHMET-PAŠA
Treba svašto radit' što se može,
Ali treba pazit' iz najbolje
A na ono što se događalo.

Smrt je lakša no grdna sramota.

JAVLENIJE ŠESTO

KADI-ASKJER
Kako sada, zbilja, živujete
Sa onijem vražijem miletom?
Staje li se kogod na ćenaru?
Činite li vjere ali mira?
Imate li kakve trgovine?

KARAMAN-PAŠA
Od zamana kako je ostalo,
Onako se i sada nalazi:
Nit' imamo mira ni sastanka,
No bojeve i vječna krvljenja;
Idu naše čete i njihove
Svim ćenarom tamo i ovamo,
Ne prestaju i dnevi i noći.
Đe se hvata Turčin s Crnogorcem,
Crnogorac đe skuči Turčina,
Jedan drugom ne čini amana,
No se biju i sijeku glave.
Muškoj glavi oni ne različu,
Da je nađu i u kolijevci,
No je s'jeku jedni drugijema;
Žensko robe i u ropstvo vode,
Vatrom pale što segnuti mogu,
Jedan drugom grabe aivane,
Njive štete, a sijeku voćke;

Svake jade na svijetu grade,
Što se nigđe jošt radilo nije.

KADI-ASKJER
Od postanja našega proroka,
Otkad pade kuran sa nebesah,
Jošt dušmanin veći ne postade
Čovjek čojku, a narod narodu,
Od Turčina i od Crnogorca.
Da l' se su čim dosadit' ne može
Nevjernome dina dušmaninu?

KARAMAN-PAŠA
Ni s čim mu se dosadit' ne može.
Sve prenosi muke rugajuć' se,
Zla svakoja što su na svijetu
I što čovjek uraditi može
Mi smo njima svakoje radili.
Evo ima nekoliko doba
Smislimo se, ja i Mehmet-paša,
Da im njina stada potrujemo:
Pokri snijeg sve njine planine,
Te im sagna stada u župine,
U poljima i u prodolima,
Na puškomet od naših gradovah.
Dvjesta okah mi uzmi sičana,
Uzmi soli desetak tovara,
So i sičan dobro izmiješaj,
Pošlji noću nekoliko drugah,
Posijaše otrov na pasište;

Tek se njini pustaše krdovi,
Zbučaše se, kâ imanje, na so,
Mnoga im se stada utriješe.
Pameti se pošlje naučiše,
Ispred stadah sve idu čobani:
Kad opaze otrov na pasišta,
Ne puštaju po njima krdove,
Dokle kiša otrov ne opere.

KADI-ASKJER
Hljeb vam carev halal po sto putah!
Din željkuje takve izmećare,
Potaman ste vi istinski Turci,
Takovi su ćabu ogradili;
Blago vama tamo i ovamo!
Ovamo ste u njedra padiši,
A u našoj divnoj tandarihi
Sjeđećete za punim soframa
Uz koljeno turskome Alahu
I njegovu dragome proroku,
Kad zlo novo smisliti znadoste,
Kojijem se može pakostiti
Protivniku ćabe i kurana.

JAVLENIJE SEDMO

BEGLERBEG
Napismo se kafe i tutuma,
Izm'jenjasmo domaće jeglene;
Treba štogod o veljemu poslu,

Za kojim ne devlet opravio,
Pozboriti i razumjeti se.

MEHMET-PAŠA
Starijemu ide da započne.
No počinji, rumeli-valisu!

BEGLERBEG
Već to znate i vi obojica
Što padiša hoće da radimo:
On je dao sto hiljadah vojske,
Sve potrebe što hoće za vojsku,
Da se s vojskom iznova udari,
Crnu Goru da svu opržimo,
Uhvatimo cara njihovoga
Te ov'lika pogradi grdila
Sa svojijem lažnijem imenom,
I da njega, al' njegovu glavu,
Čestitome spremimo devletu.
Tek što dođe čestito proljeće,
Vojska će se odmaha dignuti.
Ja sam malo došâ unaprijed,
Da plan skrojim s vama obojicom,
Kako ćemo s vojskom udariti.

MEHMET-PAŠA
Ja sam skoro, čestiti valisu,
Vojevao i sve to gledao,
I ja plana ne znadem drugoga
Za pokorit' lomnu Goru Crnu,

Što sve ne bi poklâ Crnogorce.

BEGLERBEG
Baš to nije tako nemoguće,
I pređe je Turčin pokorava.

MEHMET-PAŠA
Ne inače nego sa izdajom:
Kad se smuti na dom Crnogorci,
Te se izdaj i povedi Turke;
Ali sada toga biti neće.

BEGLERBEG
Đe se pređe ono izginulo,
Stoga ti se čini nemoguće.

MEHMET-PAŠA
Ratovâ sam i gledâ bojeve:
Onomlanih, kad Moskov pobuni
Svukoliku Grčku na Turčina,
Ja sâm pođoh s mojim pašalukom
I satrijeh Grčku do temelja.
Bješe muke, ali kakve muke!
To je druga ratovat' s ovima:
Kad te ćera, uteć' mu ne možeš,
Kad ti bježi, viđet' ga ne možeš;
Udara ti, otkud se ne nadaš,
Krije ti se, zazret' ga ne možeš;
Kad pomisliš da si ga dobio,
Od njega se nadaj pogibiji.

KARAMAN-PAŠA
Kada dođe kijamet svijetu,
Te naš prorok svojom topuzinom
Sve kavure u džejmen saćera,
I kada se kavur s demonima
Po širokom iskolje džejmenu,
Mješavina neće grdnja biti,
Neće grdnja, neće stravičnija,
Nego bješe turska s Crnogorcem
Na krvavom Čevu na krajini.
Što ću kriti, kada sami znate?!
Da ih više nekoliko bješe,
Piličnika od nas ne pustiše!
I čujte me čisto, što vi kažem:
Sve ću radit' što mognem raditi,
Glavu svoju nikad žalit' neću
Za padišu i za paći vjeru;
Al' u Crnu Goru nikad neće
Ni vran moje kosti unijeti,
Pa vam milo, ali žao bilo!

MEHMET-PAŠA
Rad sam znati, čestiti valisu,
Ali devlet Crnu Goru ište,
Ali devlet lažicara ište.
Koje drago, lako imat' nije;
Ma jest lakše jedno od drugoga,
I ako se jedno s drugim veže.

BEGLERBEG
Naš čestiti devlet i padiša
Hoće imat' u svojim rukama
Lažu onu, te se carem zove.
To je njina, drugo ništa, želja,
Devletu je on muha u nosu.

MEHMET-PAŠA
Lako li je što mu drago željet',
Al' izvršit' teško i preteško,
Pa još mnoge stvari nemoguće!

BEGLERBEG
Ko je prodan, on mora slušati
Što mu gode devlet zapovjedi,
Bile one najveće ludosti.
Starî ne da ludost spominjati,
Sve je mudro, što mu pamet s'ječe.

MEHMET-PAŠA
Ako jedan ne bude posao,
Ja se bojim, mrznem se od straha,
Da će s nama pući bruka grdna.
U tom poslu imam uzdanicu
Mnogo veću nego u svu vojsku.

BEGLERBEG
Kakav može to biti posao,
Te se veće oslanjaš na njega
No na vojske stotinu hiljada?

MEHMET-PAŠA
Kad poharah tu pređe Moriju,
Uzeh sobom robja nekoliko,
Da mi izmet rade u saraju.
Bješe robje sve iz jednog sela,
Te momakah bješe valjastijeh,
Te ja smisli i pozovi k sebi
Najčvršćega koji od njih bješe,
I kaži mu što bijah smislio:
Da uteče noću iskraj mene
I da uzme druga jedanaest,
Da upravo Gori Crnoj pođe
K opakome caru njihovome,
Da mu kaže đe iz ropstva bježi,
Da od njega traži spasenije
I službicu kakvu, da živuje
Do prilike vratit' se u Grčku.
Ovim će ga prevarit', rekoh mu,
Kod njega će dobit' povjerenje,
U tome ga može izgubiti.
Obećah mu, ako ga izgubi,
Da ću njemu darovat' slobodu
Sa svijema grčkim robovima,
Povratit' ih njinijem kućama.
Ak' ubije cara lažavoga,
Velike mu obećah darove:
Po sto ćesah drugu svakojemu,
Glavaru im, Kosti paljikardi,
Dvjesta ćesah rekoh starešinstva,

Jošt suviše toke ubojite
Arambaše Baja Pivjanina,
Koje nosi paša Karamane.
Obeća se grčki paljikarda
I dade mi svoju vjeru tvrdu,
Da će svoju glavu izgubiti,
Al' posjeći cara lažavoga;
Jošt mi jemstvo založi veliko:
Njih dvanaest što se pothvatiše
Svaki jemca kod mene ostavi,
Neki brata, neki bratučeda,
Neki sina, a neki sinovca,
Ako biše mene prevarili,
Ako vragu ne salome glavu,
Da njihove isiječem jemce.
Pa od mene kada otidoše,
Paljikarda uze ime drugo,
Mjesto Koste da se zove Stanko,
Jer je Stanko ime crnogorsko.
Gotovo se navrši godina,
Otkako su pošli u kavure,
Ne bi od njih glasa nikakvoga;
Ali znadem da se tamo bave,
Da je Stanko kod cara aščija.
Čisto držim, čestiti valisu,
Da će Stanko njega izgubiti,
Jer su jemstvom strašnijem svezati,
A sad im je eto ruke palo.

BEGLERBEG
E, kuda bi ta velika sreća,
Da to bude, kâ se naredilo!
Silnija bi tvoja misâ bila,
Nego vojske sto dvadest hiljadah,
Te ne biše to kadre svršiti;
Tad bi tvoja pamet zasijala
U devletu na svim pendžerima
Kâ nekakvo čudo nečuveno;
Sam bi ti se ponio padiša,
Kakva mudra ima izmećara;
Tada bi se njegove milosti
I peškeši na tebe prosuli,
Da ti pođu suze od radosti.
To bi srećno i za mene bilo,
U med bi mi upala sjekira,
I porasla puna šaka brade.

JAVLENIJE OSMO

KADI-ASKJER
Proroka mi i njegove vjere!
Pojavlja se veće u Moskova
Nekakvijeh lažavijeh carah
Mnogo više nego u svem sv'jetu:
Jedan im se bješe pojavio,
Pugačev ga po imenu zvahu,
Pod imenom baš istoga cara,
Pod kojim je i ovaj ovamo;
I Pugačev poradi čudesa:

Uze Kazan i mnoge gradove,
I sakupi veliku ordiju,
I povuče četrest topovah,
Da udari na Moskvu veliku.
Srećom njinom, jer ga savladaše,
Trista brukah, trista sijasetah,
Da uljeze u Moskvu, poradi!

KARAMAN-PAŠA
To je čudo, dragi efendija,
Kako Moskov uzaptit' ne može,
Da mu toga u carstvo ne biva;
Naše carstvo više no njegovo,
Pa se kod nas toga ne događa.

KADI-ASKJER *(smijući se)*.
„Naše carstvo više no njegovo!"
To govore oni što ne znadu,
No ko znade, tim se zborom smije.

KARAMAN-PAŠA
Ko se može ovijem smijati
Zar imade koga na svijetu,
Ko je carstvo poviše vidio,
Nego što je carstvo Osmanovo?
Grehota je o tom i misliti.

KADI-ASKJER
Mlad si, pašo Mahmudbegoviću,
Svijetom se ne poznaješ dobro;

Poširi je, no ti misliš, svijet!
Mudri Turci ovako pričaju:
Anadol je kâ veliko guvno,
Rumelija sprama Anadola,
Kâ da staviš na guvno tepsiju,
A Bosna je sprama Rumelije,
Kâ da staviš sahan na tepsiju;
A to nije tako, no ovako:
Sav je svijet kako jedno guvno,
A Rusija, biva, u svijetu
Kâ tepsija velika na guvno,
A Turska je nasprama Rusije
Kako sahan mali na tepsiju.

JAVLENIJE DEVETO

Sjedaju na objed zajedno beglerbeg, kadi-askjer i dva paše; a mula Hasan i iman Husein pjevaju na balkonu od velike sobe, u kojoj objeduju gospoda.

IMAN HUSEIN
Kipe lonci kraj kazana.
Spram kazana lonci što su,
To su kralji spram sultana,
I kavuri spram vas to su.

MULAHASAN
S lokve svake sunce grije
I u oči nas obada,
Ali nebom da s' ne vije,

Čim bi lokve sjale tada?

IMAN HUSEIN
Klik jutarnji sa munare
Strašni ćemer podupire,
A nebesa za njem mare,
Nad zemljom se mirno šire.

MULA HASAN
Kavur kleti ne vjeruje
Da je kuran s neba pao,
Stoga vječno nek robuje,
Alah ga je nama dao.

IMAN HUSEIN
Ista sudba čeka kruta
Na kijamet sve ćafire,
Te Murata i Garuta
Tužne snađe za nemire.

MULA HASAN
Kad oblaziš Mervag, Safu
Poklanjaš se hramu Meke,
Bez šećera srkaj kafu,
I ne boj se vražje dreke.

Pucaju grozdovi pušaka blatom iz lađa; sjetiše se Turci što je, počeše grmjeti topovi na Skadar i na druge gradove. Dođe paljikarda Stanko Grk sa svojom družinom, sprovođen velikom slavom, raskaže Turcima kako je ubio Šćepana. Za nagradu

Turci ga spreme doma sa svom njegovom družinom, ne davši mu do one toke koje su bile Baja Pivjanina, i nešto malo troška za puta. — Odlazi beglerbeg i kadi-askjer, vraća se cijela vojska. Mehmet-paša dobija treći tuk i čin vezirski zbog pogibije Šćepanove, koja se dogodila 1774. godine u maju.

BELEŠKA O PISCU

Petar II Petrović Njegoš, istaknuti pesnik, vladika i vladar Crne Gore, rođen je 1813. godine u Njegušima, naselju koje se nalazilo na severozapadnom delu Lovćena. Na krštenju je dobio ime Radoje (Rade), a njegov otac Tomo bio je najmlađi brat vladike Petra I.

Godine 1825. Njegoš odlazi na školovanje u Cetinjski manastir kod strica Petra I koji ga lično podučava. U jednom periodu znanje stiče i od pesnika Sime Milutinovića Sarajlije koji je u Crnu Goru došao 1827. godine. To što nije išao u pravu školu nije sprečilo ovog krajnje inteligentnog vladara da savlada nekoliko stranih jezika, stekne znanje iz filozofije, istorije i drugih nauka, ali i da se posveti pisanju i književnosti.

Godine 1827. vladika Petar I proglašava ga svojim naslednikom.

Posle stričeve smrti, 1831. godine, Njegoš se zamonašio i primio upravu nad Crnom Gorom. Našavši se veoma mlad na čelu države, suočio se sa sa mnogobrojnim problemima. Na Crnu Goru su pretendovali mnogi stranci, zemlja je privredno slabila, a sve češće je dolazilo i do međuplemenskih ratova.

Dve godine po stupanju na vlast, 1833. otputovao je u

Petrograd da dobije titulu vladike, budući da je tada svaki crnogorski vladar ujedno bio i vladika, tj. poglavar crkve.

Vrativši se iz Rusije, Njegoš je pokušao da modernizuje državu kojom su vladala plemena i krvna osveta. Otvarao je škole, osnivao sudove, gradio puteve, pomagao kulturu, uveo plaćanje poreza. Nažalost, nisu svi želeli takvu državu, pa se Njegoš silno borio sa svojim protivnicima.

Uz sve državne poslove, uvek je pronalazio vremena za sopstveno obrazovanje i književni rad.

U jesen 1849. godine, oboleo je od tuberkuloze, a dve godine kasnije, 1851. od iste bolesti i preminuo.

Pred smrt, ostavio je zavet da se sahrani u maloj kapeli na Lovćenu, kao i da njegovi podanici žive u miru i slozi. Nažalost, Crnu Goru su decenijama kasnije razarali ratovi, a sva Njegoševa imovina je rasturena ili uništena. Njegovi posmrtni ostaci premeštani su nekoliko puta. Danas njegove mošti počivaju u mauzoleju na Lovćenu.

Dramski spev *Lažni car Šćepan Mali* (1847) hronološki je poslednje od ukupno tri Njegoševa najpoznatija dela. Ova istorijska poema, objavljena 1851. godine u Trstu na srpskom narodnom jeziku, napisana je, kako sam autor navodi, na osnovu narodnih predanja i raspoloživog arhivskog materijala. Šćepan Mali, čovek nepoznatog porekla, vladao je Crnom Gorom u periodu od 1767. do 1773. godine, predstavljajući se kao ruski car Petar III Romanov, koga je zapravo 1762. u dvorskoj zaveri ubila njegova supruga, carica Katarina Velika. U delu je prikazana pometnja koju je dolazak i sama pojava Šćepana Malog izazvala kod turskih i ruskih vlasti, ali i odnos naroda i crnogorskih velikaša prema ovom lažnom caru.

REČNIK

manje poznatih reči i izraza

adet — običaj
agarjanski — turski, neverničke
aivan — stoka
ala(h) bila(h) — tako mi boga
ali — ili
almaz — dragi kamen
ama — ali
aman — milost
amanet — zavet, zakletva
ano — a ono
arhistratig — vrhovni zapovednik, ovde i arhanđel
aščija — kuvar
avdes — pranje, umivanje pred molitvu

bagljav — koji boluje od bage (bolest na kopitima, zglobovima)
bailo — stalni mletački poslanik u Carigradu
baljumez — veliki top
baša — janičarska titula
be aferim — tako valja
begenisati — zavoleti

beglerbeg — beg nad begovima, glavni zapovednik
beščislen — bezbrojan
bilah tespih — sačuvaj bože
binjiš — ogrtač
bješiti — zavaravati
bola — bula, papsko pismo
brežina — veliki breg, vrlo visoka obala
brnjaš — konj sa belom dlakom na njuški
budi — bar
butum — sav, ceo

čelebija — gospodin, plemić
česa — koga
česov — kakav, neki
čestvovanje — poštovanje
čohodar — činovnik na vezirovu dvoru
črez — preko
čustvovati — osećati

ćaba — hram u Meki
ćafir — nevernik
ćeif — volja
ćemer — svod
ćenar — granica
ćesa — kesa
ćeśkota — tesnoća
ćitap — knjiga, Kuran

danu — deder, hajde
davorija — dosetka

devlet — carska vlada, sila
din — vera
dindušmanin — neprijatelj vere, veliki neprijatelj
divan — većanje, razgovor, glavno veće carevo
djejstvije — radnja, čin
dobrodjetelj — vrlina
dopadati se — činiti se
dostopošten — dostojan poštovanja
dubara — podvala, prevara
dubjeti — stajati uspravno
dubrava — šuma

džebana — municija, mesto gde se skladišti municija
džeferdar — vrsta starinske puške
džejmen — pakao

đemija — lađa, brod

e — jer je; da je
ećim — lečnik
egleniti — govoriti
emir — vladar
ere — jer, da

ferman — povelja
fiska — vriska
fukara — svetina

glaviti — uglavljivati, dogovarati se
gramata — carsko pismo, povelja

grozd — plotun
gubav — zao, pakostan
gvardija — garda, carska straža

halal — da je prosto, blagosloveno
hajter — ljubav, volja
hakan — car
halat — konj crvene dlake
han — vladalac
haurli — srećan
hazna — blago
hila — prevara
hora — raspoloženje
horo — kolo
hurija — rajska lepotica

iman — sveštenik
imanje — stoka
inače — drukčije
indžil — jevanđelje
insan — čovek
iskobiti — upropastiti
istražiti — istrebiti, iskoreniti
izgub — gubici, šteta
izmećar — sluga
izmet — usluga

javlenije — javljanje, pojava
jeglena — razgovor
jer — da

jezan — kivan, ljut
johnuti se — pokrenuti se

kafaz — momak kod turskih velikodostojnika, pandur
kalif — namesnik, vladar
kaližiti se — ukazivati prstom
Karadag — Crna Gora
kami — jad
kavur — nevernik
kibla — hram
kičeljivi — ponositi
kijamet — strašni sud
klapnja — trabunjanje, buncanje, zanos
klijet — manja soba, često služi samo kao ostava
ključ — izvor, vodoskok
kobiti sreću i poštenje — slutiti, naslućivati nesreću
kolač — dar, poklon
komat — mnogo, dugo
kotilo — porod
kreševo — okršaj
krknuti — dahnuti
kuburiti — smerati
kurban — žrtva
kuvlet — sila, snaga

lazina — poljana gde je isečena šuma
lug — pepeo, ceđ

ljubopitstvo — radoznalost, zainteresovanost

majde bogme — zaista
maknuti dušom — zakleti se dušom
maškul — prangija
mečit — mala džamija
mečta — mašta
merametli — milostiv
milet — narod
mirobitije — stvorenje sveta
mirski — svetovni
mniti — misliti
mrčava — velika gusta šuma, gde ne dopire sunce
mrtac — lenština
mula — teolog
munara — minaret
musaf — deo Kurana koji sadrži Mojsijevo učenje

nakarade — talambas, vojna muzika
nako — osim, ako
naoposlom — kako treba, pravilno
ne — nas
ne zametati — ne uvijati, govoriti otvoreno
nečesov — nekakav
neopitni — neiskusan
ni — nam
ni romice — ni jednoga jedinoga, ni najgorega
ničesov — nikakav

obisti — okušati
objehnivati se — osmehivati se
objet — obećanje

obličiti — otkriti
obručiti — dati
odih — mir
oka — jedinica za meru
okit — ukras, nakit
okol — vojnički logor
onaj kami — ono malo
opačilo — zlo, nevaljalstvo
ord(ij)a — vojska
orluje — visoko strmo stenje
oslačati — osladiti se

paći — čist, pravi
padiša — sultan, car nad carevima
padši — pali
pale — mačevi, sablje
paloš — dugačak i težak mač
paljikarda — hajduk
parati — podnositi, snositi
patrika — patrijarh
pelivan — komedijaš, akrobata
pesijanski — nečist
peškeš — dar
piličnik — nijedan
podruga — poruga
poklisar — poslanik
pokor — sramota
polučiti — dobiti
polza — korist
ponjatije — pojam, shvatanje

podnjiviti — odgojiti
poobjehnuti se — osmehnuti se
popriđe — ranije
poraskazati — ispričati
pot — znoj
potežiti se — potruditi se
potrk — gaženje
povelitelan — zapovednički
povelje — poveće
povtoriti — ponoviti
prćija — miraz, ovde i bogatstvo, novac
pridizati — dodavati
prijeko — pravo
proči — drugi, ostali
prestaviti se — upokojiti se, umreti

regula — pravilo
ridžal — dostojanstvenik
romica — hroma ovca; ko ništa ne vredi
rozolija — slatka rakija od ruže
rudžal — plemić, sluga, činovnik
rumeli-valis — upravnik turskih zemalja na Balkanu osim Bosne
rušpe — dukati mletački

sahan — poslužavnik na kome se donosi jelo
sandžak i šerif — sveti barjak
saprijeti — savladati
saraj — dvor
saraziti — poraziti, ubiti

sedžade — prostirka na kojoj se klanja
sego godi — te godine
seraskjer — glavni vojni zapovednik
sičan — otrov, mišomor
sijaset — nevolja
skorb — bol, tuga
skučiti — ščepati
snos — mesto na koje se u vreme rata sakrije blago, gomila
sobitije — događaj
sokrovište — blago
stanak — sastanak
stranstvovanja — putovanja, lutanja po svetu
struka — vuneni ogrtač

šarati — lagati
šenuti — pomeriti se
šeginšah — car nad carevima
šerijat — zakon
šiš — bodež

tajstvo — talaštvo
tandariha — raj
tartar — pakao
tatarin — brzi konjanik koji raznosi zapovesti
te — što, koji
teliš — naročito
tisa i vijek — nikad ni doveka
tisjašt — tisuća, hiljada
tituo — titula
tolicina — toliki broj

tolkovanje — tumačenje, priča
tolmač — tumač
toržestveno — svečano
trabakula — vrsta lađe
traknuti se — rasprostreti se
trpija — čamotinja
trsiti se — svršiti se
tuk — konjski rep, odlikovanje, paša koji dobije treći tuk, postaje vezir
turkovanje — život po propisima islama
tutun — duvan

uglava — ugovor, dogovor
ukopati — izginuti
upio — vapijući
utok — utočište, sklonište
uzaptiti — zatvoriti, uhvatiti, utamničiti
uzvijati se — uskomešati se

valjat(an) — voljan
ve — vas
veće — više
većil — zastupnik, namesnik
velji — veliki
venecinski duks — mletački dužd
vi — vam
vražda — neprijateljstvo, svađa
vrcnuti se — maći se
vrgnuti — baciti, odbaciti

zabješiti se — zabezeknuti se
zabušiti — iznenaditi, zbuniti
zadušnik — dužnik
zajosati se — zanjihati se
zaman — vreme, starina
zamarati — okaljati
zametati — uvijati
zamlitati — zalutati, zabasati
zavaljenik — slabić
zazreti — nazreti
zažditi — potrčati, pobeći, zapaliti cigaretu
zbučati se — s bukom se sakupiti
zname — zastava
zuka — huk, nemir

žazna — blagajna
žbir — pandur

Petar P. Njegoš
LAŽNI CAR ŠĆEPAN MALI

London, 2023

Izdavač
Globland Books
27 Old Gloucester Street
London, WC1N 3AX
United Kingdom
www.globlandbooks.com
info@globlandbooks.com

Naslovna fotografija
Jeremy Bishop
(https://unsplash.com/photos/EdSdhvPX36M)

www.ingramcontent.com/pod-product-compliance
Lightning Source LLC
Chambersburg PA
CBHW070406120526
44590CB00014B/1276